SO GENIESSEN DIE ZWILLINGE.
UND MIT WEM.

Die 12-Sterne-Küche

Gerda Rogers
Senta Ziegler

SO GENIESSEN DIE ZWILLINGE. UND MIT WEM.

Mit Rezepten von Renate Wagner-Wittula

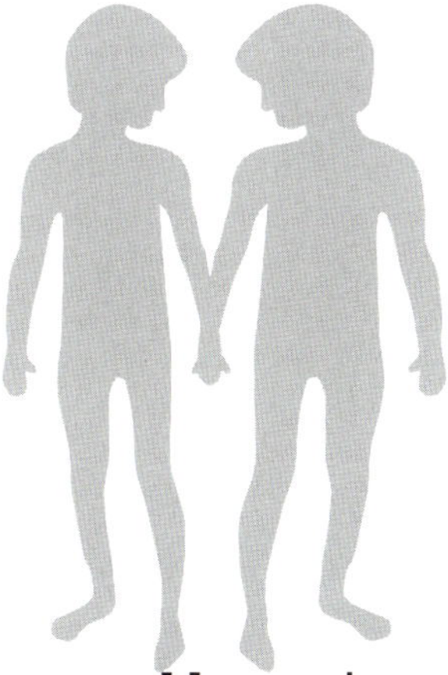

molden verlag

Impressum

ISBN 978-3-85485-278-0

Bücher aus der Verlagsgruppe Styria gibt es
in der Buchhandlung und im Online-Shop.

Lektorat: Marion Mauthe
Cover- und Buchgestaltung:
Doris Grussmann
Druck und Bindung:
Druckerei Theiss GmbH
St. Stefan im Lavanttal
Printed in Austria

INHALT

DEN ZWILLINGEN IN DEN KOCHTOPF GESCHAUT

Vorspeisen & Zwischengerichte

Hauptspeisen

Nachspeisen

ERKENNE DICH SELBST

„Es ist verblüffend!“ – so lautet immer wieder das Aha-Erlebnis von anfangs Uneingeweihten, wenn sie allmählich erkennen, wie sehr ihr persönlicher Charakter, ihr Wesen, ihre Psyche, Träume, Fehler und unangenehmen Merkmale mit den Eigenschaften ihres Tierkreiszeichens übereinstimmen. Diese Übereinstimmung findet sich bis hin zu den Ess- und Trinkgewohnheiten, die durch das persönliche Sternbild beeinflusst sind und die hier genüsslich beschrieben werden.

Jedes dieser zwölf Genussbüchlein bietet eine dreifache Bereicherung:

- **Teil eins** enthält eine ausführliche Wesensbeschreibung jedes einzelnen Tierkreiszeichens in Bezug auf Liebe, Familie, Heim, Küchengestaltung, Lokalauswahl, Festefeiern, Gaumenfreuden, Alkoholgenuss, Gesundheit und sportliche Aktivität. Mit einem Wort: Hier geht es um die Frage, wie jeder Einzelne von uns im Zeichen der Sterne genießen kann.
- **Teil zwei** gibt eine Übersicht über das Zusammenspiel der Sternzeichen: Wie sie einander ergänzen oder eben nicht. „Wie die Tierkreiszeichen einander einkochen“ ergibt ein schlaues Wer-mit-wem, das zur verträglichen Partnerwahl für einen Abend, für einen gemeinsamen Urlaub – oder auch für ein ganzes Leben wertvolle Aufschlüsse gibt. Unsere Tipps sind als

kleine Wegweiser im Zusammenleben und -wirken gedacht, die zu beherzigen wir nur empfehlen können.

- **Teil drei** liefert jedem Tierkreiszeichen eine Fülle von Lieblings-Rezepten. Sie stammen aus der erprobten Rezeptesammlung des leider allzu früh verstorbenen, österreichischen Gourmet-Papstes Christoph Wagner, die seine Witwe Renate Wagner-Wittula für diese 12-Sterne-Küche zusammengestellt hat – zwölf feine kleine Geschenkbüchlein für alle, die ihren kulinarischen Alltag mit dem Stand von Sonne, Mond und Sternen in Einklang bringen und lustvoll leben wollen.

Wir wissen, dass Genetik, Erziehung, Milieu, Zeitumstände selbstverständlich für die Wesensart eines Menschen eine Rolle spielen, jedoch nicht die alleinige. Zeitpunkt und Ort der Geburt spielen insofern mitbestimmend, als sich der Einfluss der Gestirne nicht nur auf unseren Planeten im Allgemeinen auswirkt, sondern auch auf die auf ihm lebenden Organismen.

Absichtlich haben wir den Prototypus des Tierkreiszeichens mit seinen markanten Eigenschaften beschrieben. Hätten wir uns auf eine weniger kategorische Diktion eingelassen, dann wäre die Charakterisierung der Typen so verwässert, dass sich niemand an ihr orientieren kann. Auf Ausnahmen und Abweichungen einzugehen, die es entsprechend den persönlichen Horoskopen selbstverständlich gibt, würde den Rahmen dieser Publikation aber deutlich sprengen.

Und noch ein Phänomen verlangte unsere besondere Aufmerksamkeit: die Genderfrage. Denn wem fällt beim Stier nicht unverzüglich eine männliche, bei der Jungfrau eine weibliche Person ein? Es war also nötig, sich in jedem einzelnen Fall von den durch die männlichen und weiblichen Artikel noch fälschlich begünstigten alten Rollenklischees gebührend zu verabschieden. Sprechen wir also vom tüchtigen Stier, vom erfolgreichen Krebs, vom revolutionären Wassermann, dann sind sowohl weibliche als auch männliche Vertreter dieser Sternzeichen gemeint. Nur dann, wenn Unterschiede zu illustrieren waren, haben wir eine deutliche Geschlechtsunterscheidung vorgenommen.

Wie auch immer: Selbst wer nicht daran glaubt, dass es zwischen Himmel und Erde mehr Dinge gibt, als unsere Schulweisheit sich träumen lässt, dem hilft die Astrologie bestimmt, sein Lebensschiff etwas geschickter und gefahrloser durch die Untiefen und Klippen des Lebens hindurchzusteuern.

Und nun lassen Sie sich Ihre astrologisch angerichteten Tafelfreuden auf das Genussvollste schmecken – bon appétit!

Gerda Rogers und Senta Ziegler

KLEINE EINFÜHRUNG IN DIE ASTROLOGIE

Der Tierkreis bildet die Grundlage für das abendländische Horoskop. Er setzt sich aus zwölf Segmenten zusammen, die sich durch die Teilung der Ekliptik, also der scheinbaren Bahn der Sonne am Himmel im Lauf eines Jahres, ergeben. Ausgehend vom Frühlingspunkt, also der Frühjahrssonnenwende, werden diese Segmente jeweils einem Tierkreiszeichen unterstellt. Als Tierkreiszeichen einer Person wird im Normalfall dasjenige bezeichnet, in dem die Sonne zum Zeitpunkt ihrer Geburt stand.

Da die Sonne nicht um Mitternacht von einem Tierkreiszeichen in das nächste wechselt, ist die häufig zu findende allgemeine Einteilung nach Kalendertagen nicht vollkommen präzise. Der genaue Zeitpunkt des Übergangs variiert auch von Jahr zu Jahr, da das Sonnenjahr nicht genau 365 Tage lang ist. Astrologen berechnen den Übergang daher genau, in Tierkreiszeichen-Büchern und Zeitungshoroskopen ist dennoch die Angabe von Kalendertagen üblich, woran auch wir uns halten.

Die Tierkreiszeichen werden den vier Elementen Feuer, Luft, Erde, Wasser zugeordnet, mit den entsprechenden Grundeigenschaften:

- Die Feuerzeichen **Widder, Löwe, Schütze:** dynamisch, impulsiv
- Die Luftzeichen **Zwillinge, Waage, Wassermann:** flexibel, kontaktfreudig
- Die Erdzeichen **Stier, Jungfrau, Steinbock:** realistisch, vernunftorientiert
- Die Wasserzeichen **Krebs, Skorpion, Fische:** gefühlsbetont, zurückhaltend

Um ein Geburtshoroskop zu erstellen, ist es wichtig, Tag, Uhrzeit und Ort der Geburt genau zu kennen. Mit der Geburtszeit wird der Aszendent berechnet, das ist jenes Tierkreiszeichen, das im Augenblick der Geburt über dem Osthorizont in Erscheinung tritt und für die Charakterisierung überaus bedeutend ist.

Sollte sich der Leser also mit dem beschriebenen Eigenschaftenkatalog nicht hundertprozentig identifizieren können, so sollte er beim Tierkreiszeichen des Aszendenten nachlesen, um ein vollständigeres Bild der individuellen Persönlichkeit zu erzielen. Man sollte somit die Wesensmerkmale seines Tierkreiszeichens genauso wie jene seines Aszendenten kennen.

Die Charakteristik eines Menschen ist allerdings nicht nur vom Sonnenstand und vom Aszendeten bestimmt, auch die einzelnen Planeten haben einen starken Einfluss auf das Individuum und sein Schicksal.

DIE ZWILLINGE

22. Mai bis 21. Juni

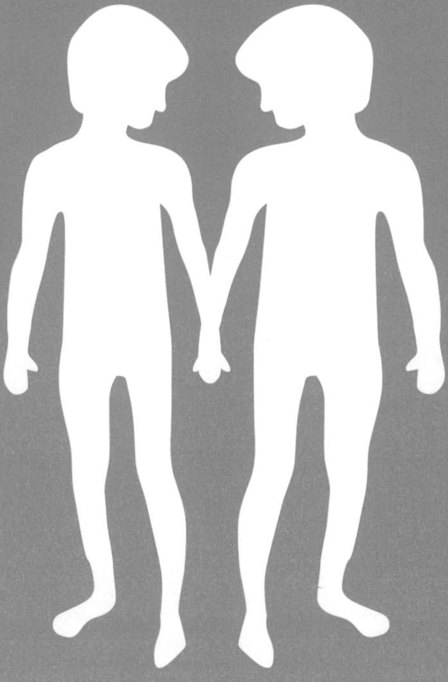

EIGENSCHAFTEN DER ZWILLINGE

„Zwei Seelen wohnen, ach, in meiner Brust" – Goethes Faust-Zitat passt hier wie angegossen. Denn Zwillinge-Geborene sind Doppelnaturen. Eine innere Spannung, die sich meist in einer gewissen Unruhe ausdrückt, zerrt in Permanenz an den Nerven der Zwillinge. Doch gerade sie lässt diese Personen geistreich, neugierig und vielseitig erscheinen. Die Zwillinge gehören zu den jugendlichen Sternzeichen, sie sind wie große Kinder, die sich bis ins hohe Alter etwas sehr Lebendiges bewahren. Denn von geradezu faustischer Umtriebigkeit beseelt, sind die Zwillinge ständig zu neuen Horizonten unterwegs, um zu erkunden, was die Welt im Innersten zusammenhält.

Nur eines ermüdet die Zwillinge: Langeweile. Sie sind schnell zu begeistern und schnell zu langweilen. Sie suchen Abwechslung, immer neue Reize und wenden sich mit all ihrer Energie bald wieder neuen Projekten zu. Das mag oberflächlich klingen, ist es aber nicht. Sie suchen fundiertes Wissen, geben sich nicht mit Schlagzeilen zufrieden. Ohne ausreichende Begründung, Zusammenhänge und Beweise finden Zwillinge-Seelen kaum Ruhe. Sie recherchieren, sammeln und hinterfragen so lang, bis sie ihre jeweils aktuellen Themen wirklich verstehen. Dabei können sie ganz schön Druck ausüben, denn schließlich wollen sie sich nicht allzu lang bei einer

Sache aufhalten. Sie wollen weiter, um neue Rätsel zu ergründen. Diese Rastlosigkeit ist auch schuld daran, dass sich Zwillinge immer gleich mehreren Aufgaben auf einmal widmen. Bei der großen Aufnahmekapazität dieses Sternzeichens ist das aber nicht von vornherein ein Problem.

Die Sammelleidenschaft der Zwillinge ist sowohl eine materielle wie auch eine geistige: Sie halten in der Welt der Wissenschaft, der Geschichte, der Kunst, der Literatur, der Medien nach allem Ausschau, was ihre Neugier befriedigt. Merkur, der römische Gott der Händler und Reisenden, ist ihr planetarischer Herrscher, weshalb auch zahlreiche materielle Schätze, die ihre vielseitigen Interessen bekunden, in ihren Besitz gelangen. Zwillinge können dabei im Alltag überaus sparsam sein, nur wenn es um die Erfüllung ihrer zahlreichen Hobby- und Reiseleidenschaften geht, schauen sie nicht mehr aufs Geld. Da werden sie plötzlich großzügig und ordnen ihren Ideen jeden Cent unter. Können sie einmal nicht auf Reisen gehen, genügt es ihnen, einfach mit dem Auto durch die Gegend zu fahren, nur um ihrem Geist neue Eindrücke zu verschaffen und ihre Neugier zu befriedigen.

Die Zwillinge und ihr Beruf

Zwillinge werden einen Beruf wählen, in dem es abwechslungsreich zugeht. Sie sind rhetorisch blendend, weshalb sie in pädagogischen Berufen ebenso wie im diplomatischen Dienst äußerst begabt sein können. Sie sind die Weltenbummler schlechthin, sprechen häufig viele Sprachen, sind Völker verbindend, da vermittelnd in ihrem Wesen. Ihr lebhafter Verstand muss immer beschäftigt sein. Sie begreifen schnell die Zusammenhänge und geben ihr Wissen gern ebenso schnell weiter. Oft sind sie gute Mathematiker, lieben Zahlen und Musik.

Zwillinge benötigen ein berufliches Umfeld, das sie mental immer wieder neu fordert. Sie sind wissbegierig und nehmen schnell neue Informationen auf. Im Denken und Handeln sind Zwillinge flexibel und brauchen einen Beruf, in dem diese Eigenschaften zum Berufsbild gehören. Auch handwerklich sind sie geschickt.

Zwillingen fällt es leicht, andere Menschen zu überzeugen oder Sachverhalte objektiv zu vermitteln. In Berufen, bei denen es um den Verkauf oder die Vermittlung von Informationen geht, können sie sich gut entfalten.

- Tätigkeiten im Journalimus und dem Verlagswesen, aber auch als Schriftsteller oder Übersetzer sind für Zwillinge ideal.
- Zwillinge können auch erfolgreiche Vertreter oder Spediteure sein.
- Als Lehrer und Sprachforscher werden Zwillinge sehr respektiert.
- Generell alle Berufe, die mit Kommunikation und Vermittlung zu tun haben.

Die Zwillinge und die Gesundheit

Der Zwillinge-Geborene schaut auf seine Figur. Zwillinge sind die beweglichen, schlaksigen Typen, sehr körperbewusst. Völlerei zählt nicht zu den Lastern der Zwillinge. Der eine Zwilling will über die Stränge schlagen und sich dem Genuss hingeben, der andere bremst, sagt rechtzeitig nein.

Zwillinge benötigen als Ausgleich zu ihrer Hektik und Unrast viel Sauerstoff, sie suchen viel Bewegung in frischer Luft und freier Natur. Deshalb leben sie auch gern auf dem Land. Sie sind dabei nicht unbedingt die ausgesprochenen Sportler und Fitness-Jünger, aber Radfahren, Garten- oder Hausarbeit dient ihnen als Ausgleich zum Berufsalltag. Als Gärtner sind sie übrigens überaus erfolgreich, sie ziehen Gemüse im Glashaus und sehen zu, wie alles zu wachsen und zu sprießen beginnt. Man spricht nicht umsonst vom grünen Daumen der Zwillinge, was auch an den Grünpflanzen in ihrer Wohnung zu sehen ist. Alles, was wächst und sprießt, umgibt die Zwillinge-Geborenen.

Die Zwillinge und die Liebe

Zwillinge bevorzugen intellektuelle Partner, um sich austauschen zu können. Dumpfe Menschen sind ihnen ein Gräuel. In einer Liebesbeziehung stellen sie den geistigen Austausch oftmals über den erotischen. Geht es nicht darum, einen Partner zu erobern, sondern um die Mühen des Ehe-Alltags, ist der Zwillinge-Geborene oftmals sogar der Sexmuffel. Sex ist ihm nicht so wichtig wie das geistig anregende Gespräch. Im Zwilling lebt auch ein Asket, dessen sexuelles Verlangen oftmals durch geistiges Wirken sublimiert wird.

Zwillinge brauchen Abwechslung auch in der Beziehung, sie sind selten einem Partner treu. Sie sind auch hier Getriebene. Schon in jungen Jahren ist ihr Liebesleben ziemlich abwechslungsreich, aber weniger aus tiefer erotischer Sehnsucht wie etwa beim Skorpion, auch nicht aus jener starken Triebhaftigkeit wie beim Löwen, sondern vielmehr aus Sammelleidenschaft und Entdeckungslust. Wie bei ihrem Fernweh besteht auch hier die Gefahr, dass sie sich Neuem zuwenden wollen, sobald sie alles, was sie an einem Menschen erkunden können, für erforscht halten. Aus demselben Grund wechseln sie auch oft ihre Freundschaften, was manchmal den Eindruck entstehen lässt, dass sie als Freunde nicht viel taugen. Sie sind nicht untreu im eigentlichen Sinn, sondern es treibt sie das lebhafte Interesse voran, für alles, was sie noch nicht kennen.

Zwillinge gleichen dabei ziemlich dem Wassermann: Will man ihnen etwas aufzwingen, werden sie leicht eigensinnig und widerspenstig. Für sie zählt die Leichtigkeit des Seins. Zwillingen muss die absolute Entscheidungsfreiheit überlassen werden. Alles Monotone lehnen sie ab, entziehen sich ihm. Ob ihrer schwankenden Treue und ihres eingefleischten Egoismus sind Zwillinge-Männer manchmal nicht die idealen Ehemänner, oft aber sehr engagierte Väter. Sie wollen ihren Kindern unbedingt etwas weitergeben, regen sie zu vielen Unternehmungen an, zu Klavierspiel ebenso wie zu sportlichen Aktivitäten. Ihr Ehrgeiz will ihre Kinder einst unter den geistigen künstlerischen oder sportlichen Eliten sehen. Sie haben viel auf ihren Reisen erlebt und wollen ihre Erfahrungen liebend gern anderen vermitteln.

Zwillinge-Geborene müssen lernen, Gefühl und Verstand auf einen Nenner zu bringen. Nicht nur mit Intellekt und Logik die verschiedenen Erscheinungsformen in der Welt zu erfassen, sondern auch die damit verbundenen Gefühle zuzulassen. Solange sie jedoch ihre Gefühle unterdrücken, werden körperliche Krankheitssymptome sie darauf aufmerksam machen, dass sie zu kopfbetont leben.

Dass Zwillinge die Gespaltenen, die unbestimmten Doppelwesen sind, gilt auch für ihr erotisches Gefühlsleben. Viele Zwillinge finden sich unter Homosexuellen oder Lesbierinnen, sie sind aber oftmals eher bisexuell veranlagt und wissen oft nicht, wohin sie gehören. Sie sind die ewig Suchenden.

Die Zwillinge und die Familie

Pflicht um der Pflicht willen ist nicht Sache der Zwillinge-Geborenen. Sie reisen gern mit leichtem Gepäck. Wenn sie sich in einem Sumpf endloser häuslicher Pflichten oder einem langweiligen Job, der ihren lebendigen und neugierigen Verstand nicht anregt, gefangen fühlen, verkümmern sie entweder an nervöser Unruhe, kauen Fingernägel und zerknüllen Papier oder sie hauen einfach ab.

Es fällt ihnen schwer, Verpflichtungen einzugehen, selbst wenn sie jemanden sehr lieben. Das heißt aber nicht, dass sie nicht zu intensiven Gefühlen fähig sind, vor allem den eigenen Kindern gegenüber. Wenn Zwillinge den richtigen Partner gefunden haben, bleiben sie dort auch für immer. Aber sie dürfen nicht das Gefühl haben, festgehalten zu werden. Ein Schmetterling bringt nur dann Freude und Zauber, wenn er frei fliegen darf. Dieses Gefühl auch den eigenen Kindern zu vermitteln, ist die Rolle des Zwillinge-Elternteils.

Zwillinge sind im Prinzip aber dennoch Familienmenschen. Mehr als der Wassermann übernehmen sie Verantwortung für ihre Familie und bemühen sich, ihren Kindern viel von ihrem Wissen und Können weiterzugeben. Zwillinge-Frauen sind ebenso familienorientiert, aber sie sind nicht das typische Heimchen am Herd, sondern gehen auch als Ehefrau und Mutter weiterhin allein mit ihren Freundinnen aus. Sie wünschen sich die sichere Basis mit einem Partner, der dann aber weder im Zeichen der Zwillinge, noch des Wassermanns geboren sein sollte. Die Beständigkeit einer guten Partnerschaft oder Ehe garantieren der Zwillinge-Frau eher die Schütze-Geborenen.

Die unangenehmen Seiten der Zwillinge

Die Zwillinge investieren viel Geld in Hobbys, an denen sie ziemlich egoistisch festhalten. Sie leben im Grunde so, wie sie wollen, und bevorzugen Partner, die ihnen die bürgerlichen Verpflichtungen abnehmen. Sie ziehen es vor, sich ihren Höhenflügen, ihren Reisen, ihren zahlreichen Vorhaben zu widmen. Niemand kann sie davon abhalten, ihre Ziele zu verfolgen, auch wenn diese noch so kostspielig oder unrealistisch sein sollten.

Zwillinge kann man nicht aufhalten. Reisende muss man ziehen lassen. Setzt man sie unter Druck, verschwinden sie für immer. Sie flirten gern, lieben den immer neu von vorne beginnenden romantischen Anlauf einer neuen Beziehung. Und wenn sie am Ziel sind, interessiert es sie nicht mehr. Das Tändeln und Verführen, das Heitere ist ihre Welt. Um unbeschwert zu erkunden, was hinter dem noch unbekannten nächsten Ziel der Eroberung steckt. Ein Zwillinge-Geborener ohne Urlaubsflirt ist fast unvorstellbar.

Zwillinge leben im absoluten Jetzt, sie sind im Moment tausendprozentig für eine Sache entflammt, sorgen nicht für die Zukunft vor. Kommt ihr Vorhaben ins Stocken, lässt es sich partout nicht verwirklichen, lassen sie es fallen und widmen sich mit ebensolcher Ausschließlichkeit dem nächsten. Hier sind sie das ewige egoistische Kind. Häufig findet man sie in intellektuellen und künstlerischen Kreisen.

In ihrer Ruhelosigkeit und dem Bestreben, nirgends etwas zu versäumen, führen sie Arbeiten oft nicht zu Ende. Sie sind die typischen Studienabbrecher. Mit ihrem lebhaften Geist gehören sie aber dennoch zu den geistig erfolgreichen, inspirierenden Menschen.

Auch Zwillinge-Frauen sind freiheitsliebend, wechseln oft ihre Partner und genießen ihre Affären. Ehescheidungen sind aber nur dann angesagt, wenn eine Verbesserung in Aussicht steht. Sie folgen da ihrem praktischen Kalkül. Aber gegen immer wieder neue Liebesromanzen, um ihr Leben abwechslungsreich zu gestalten, haben sie nichts einzuwenden.

Der Zwillinge-Geborene lässt dem Frust keine Chance. Bevor es so weit kommt, lenkt er sich durch eine anregende, geistige Beschäftigung ab. Alles in allem: Oft ist es schwieriger, die flatterhaften Zwillinge in ein geordnetes Leben zu zwingen als einen verschlossenen Krebs, Steinbock, Fisch oder Skorpion in einen offeneren Menschen zu verwandeln.

Typische Zwillinge-Geborene

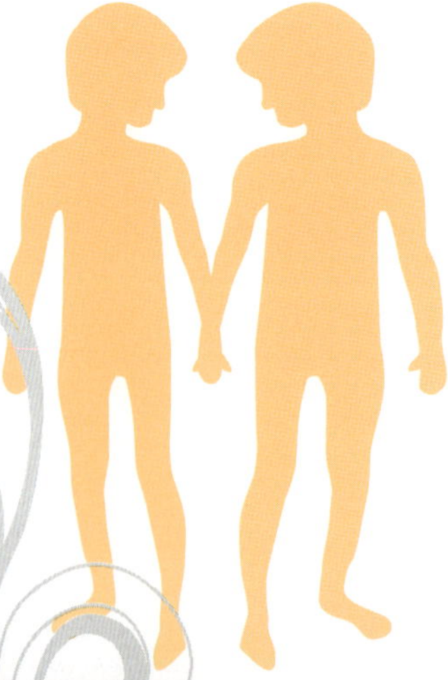

Der legendäre US-Präsident **John F. Kennedy** (geboren am 29. Mai 1917 in Brookline, Massachusetts, USA) war ein typischer Zwillinge-Geborener. Er war souverän in der Rhetorik, in der Beherrschung und Nuancierung der Sprache, mitreißend, jugendlich, charismatisch. Kennedy beherrschte das Schräglesen einer Buchseite, eine vielfach bewunderte rasche Lesetechnik von Menschen, die es immer eilig haben. Seine Ehefrau Jackie war Löwe-Geborene. Er bot ihr die Bühne, die sie brauchte.

Auch die US-Schauspielerin **Marilyn Monroe** (geboren am 1. Juni 1926 in Los Angeles, USA) deren kindlich-naive Erotik bis heute unübertroffen ist, war eine typische Zwillinge-Geborene.

Die US-amerikanische Jazz-Legende **Josephine Baker** (geboren am 3. Juni 1906 in St. Louis, Missouri) ist bis heute die Ikone der wilden zwanziger Jahre. Sie adoptierte 12 Kinder verschiedenster Rassen, um ein Zeichen gegen die Rassendiskriminierung zu setzen.

Der österreichische Schauspieler, Autor und Regisseur **Gabriel Barylli** (geboren am 31. Mai 1957 in Wien) ist ein typischer Zwillinge-Geborener: Starke Kreativität, zahlreiche Wohnortwechsel, die fünfte Ehe.

Die Zwillinge als Genießer

Die große Liebe der Zwillinge zu Abwechslung und Neuem trifft auch auf ihr kulinarisches Verlangen zu: Sie suchen eine vielseitige, ständig wechselnde Ernährung: Es muss nicht immer Fleisch sein – sie lieben viel frisches Obst, Gemüse, naturbelassene Salate. Viele Zwillinge sind Vegetarier.

In ihrer Küche muss alles bequem und zweckmäßig ausgestattet sein. Sie legen auf ein übermäßig nobel eingerichtetes Heim weniger Wert als etwa der Stier oder der Löwe, bei ihnen darf es ruhig ein bisschen leger zugehen, denn es ist ihnen überhaupt nicht wichtig zu repräsentieren. Viel spannender finden sie es, all die Bücher, Zeitungen, Druckschriften ihrer vielseitigen Interessen jeweils griffbereit zu haben. Weshalb in Zwillingswohnungen vieles scheinbar unordentlich herumliegt, die Zwillinge werden jedoch das gerade Benötigte immer finden. Auch die Trophäen und Erinnerungen an ihre mannigfachen beruflichen und privaten Reisen werden sich überall finden.

Zwillinge mögen es, wenn die Küche ins Wohnzimmer integriert ist. Damit ihnen nichts von den Aktivitäten und Gesprächen der anderen entgeht, wenn sie selbst am Herd stehen. Zwillinge sind gute Köche, sie erweisen sich dabei als äußerst kreativ und kochen oftmals nach, was sie woanders gegessen haben. Sie sind experimentierfreudig und genießen es, ihre Lieben oder ihre Gäste mit mitgebrachten Rezepten zu überraschen. Auch selbst kreierte Gerichte werden den Speiseplan abwechslungsreich gestalten. Nur schnell muss es für die Zwillinge auch beim Kochen gehen. Schon allein deshalb finden sie großen Gefallen an der asiatischen Küche: Sie lieben Reisgerichte, Nudelgerichte, Fische, Scampi.

Zwillinge freuen sich über ein ungezwungenes Picknick. Daheim Gekochtes wird im Korb und in der Kühltasche mitgenommen. Dies kann ein kalter Schweinsbraten sein. Lieber aber als fettes Fleisch haben sie im Picknickkorb Käse, rohes Gemüse, Obst, Aufstriche von Topfen, Liptauer, Leberwurst, geschnittene Gemüsestangen etc.

Was nun zu den Trinkgewohnheiten der Zwillinge gehört, so schlägt auch hier ihr jugendlich-neugieriges Temperament durch. Sie probieren alles aus, trinken mit Vorliebe ein gutes Gläschen Wein, aber beim Schnaps werden sie eher passen. Harte Getränke verlocken sie wenig. Sie sind kaum Sucht gefährdet und neigen eher zur Abstinenz. Auch dabei hilft ihnen ihre Doppelnatur: Der eine Zwilling ist der Luftikus, der alles ausprobiert, der andere ist der Asket, der zur Enthaltsamkeit mahnt.

Müssen sich Zwillinge entscheiden, werden sie eher zum Wein als zum Schnaps greifen. Sie tendieren aber allgemein nicht zum Alkohol. Sie sind zwar keine notorischen Abstinenzler, lieben ein gutes Gläschen Wein oder auch zwei, aber sie kennen ihre Grenzen und schlagen nicht über die Stränge.

Auch bei den Trinkgewohnheiten der Zwillinge schlägt ihr jugendlich-neugieriges Temperament durch. Sie probieren alles aus, aber auch dabei hilft ihnen ihre Doppelnatur, die einerseits animiert, andererseits bremst.

Die Zwillinge als Gastgeber

Im Zeichen der Zwillinge Geborene sind gekonnte Gastgeber, keine Stubenhocker, sie lieben die Geselligkeit und verstehen es, ihre Zuhörer mitzureißen. Sie erzählen anschaulich, rhetorisch, wortreich, spannend, witzig und geistreich. Leben und leben lassen ist ihr Motto, obwohl betrunkene Gäste das Missfallen der Zwillinge wecken können.

Ihre Speisen müssen nicht unbedingt auf der fein dekorierten Tafel serviert werden. Oft genügt die legere Gartengarnitur auf der Terrasse. Zwillinge haben auf ihre unkomplizierte Art kein Problem damit, für ihre Gäste einmal ein Catering zu bestellen, von der Pizza bis zu asiatischen Nudelgerichten. Weil sie lieber bei ihren Gästen sitzen möchten, um sich zu unterhalten, als lange in der Küche zu stehen. Zwillinge stellen die Töpfe und Servierschalen oftmals zu einem bunten Buffet zusammen, von dem sich jeder nimmt, was er will. Die Zwillinge vermögen als Gastgeber sowohl die Unterhaltung wie auch abwechslungsreiche Spezialitäten zu bieten.

Die Zwillinge als Gast

Essen ist nicht die Hauptbeschäftigung ihres Lebens. Deshalb können die Zwillinge auch bescheiden sein, ein Zwillinge-Geborener ist ein dankbarer Gast. Er wird alles essen, was man ihm vorsetzt.

Zwillinge sind die gesellschaftlichen Alleinunterhalter schlechthin, die Sunnyboys. Sie sind die sprudelnden Redner, zeigen keine Scheu, sprechen mit jedem, grenzen niemanden aus. Bei Tisch sollten nicht nur ihr Auge, Gaumen und Magen befriedigt werden, sondern unbedingt auch ihr lebhafter Geist.

Auch bei den leiblichen Genüssen sind Zwillinge von steter Neugier getrieben. Bei Tisch probieren sie alles aus, sie sind „die Schmetterlinge des Tierkreises," verweilen ein wenig, fliegen dann weiter.

Als Gast und Freund sind Zwillinge jedoch großartige, mitreißende Kompagnons, sie sind auf alles neugierig, auf die Gäste ebenso wie auf Essen und Getränke. Je exotischer und ausgefallener, desto lieber.
Zwillinge kochen gut und gern. Viele finden sich im Gastronomiebereich, denn die Küche öffnet ihnen das Tor in

die weite Welt. Sie sind in Schiffskombüsen ebenso zu Hause wie in den Hotel- und Restaurantküchen, mit Vorliebe in fremden Ländern. Sie sind schnell und kreativ, arbeiten auch gern im Team.

Zwillinge sind Lebemenschen. Durch ihre Redseligkeit, ihren Ideenreichtum und ihre Wissbegierde sind die Zwillinge beliebte Gäste, die eine Runde bestens unterhalten können. Sie sind anregend und vielseitig. Ihre Schwachstelle ist ihr Nervenkostüm, oftmals sind sie nervös und hektisch.

Zwillinge können zwischendurch auch mit Fastfood und Fertiggerichten Vorlieb nehmen. Sie müssen nicht in das angesagteste Lokal ausgeführt werden, denn sie gehören nicht zu jenen, die sich gern fein anziehen, um in Gesellschaft einen schönen Abend auswärts zu erleben. Sie laufen nicht allem nach, was Marke trägt, leben am liebsten ohne den Zwang von Etikette und ohne Rücksicht darauf, was „man haben muss". Zwillinge überzeugen durch ihre Natürlichkeit.

Die lukullischen Favoriten der Zwillinge

(Rezepte siehe Seite 74)

- Zwillinge muten ihrem etwas heiklen Magen schwer verdauliche und überaus gewürzte Kost nur im geringen Ausmaß zu. Bevorzugt wird **Wild, Schafskotelett** – am besten gegrillt – und vieles vom Bio-Bauern, etwa ein Gemüse-Eintopf mit Lammfleisch.
- Ein **Fondue**, bei dem sie die Fleischstücke oder – bei vegetarischen Vorlieben – die Käse und Gemüsestücke in die heiße Suppe oder ins heiße Öl tauchen.
- Sie lieben die **asiatische Küche** mit ihren oftmals auch milderen Reisgerichten, mit Fischen, Scampi und anderen Meeresfrüchten.
- Italienische **Nudelgerichte** mit verschiedenen Saucen und Salaten. Überhaupt die leichten und schnellen Gerichte der österreichischen Hausmannskost, wie **Schinkenfleckerln, faschierter Braten.**
- Zwillinge suchen eine vielseitige, ständig wechselnde Ernährung: Es muss nicht immer Fleisch sein – sie lieben viel frisches **Obst, Gemüse, Salate** und sind im Allgemeinen auch der vegetarischen Ernährung zugewandt.
- Zwillinge freuen sich über ein ungezwungenes Picknick. Daheim Gekochtes wird im Korb und in der Kühltasche mitgenommen. Dies kann ein kalter Schweinsbraten sein. Lieber aber als fettes Fleisch haben sie im Picknickkorb Käse, geschnittene Gemüsestangen, Obst, Aufstriche von **Topfen, Liptauer, Leberwurst.**

WIE DIE ZWILLINGE DIE ANDEREN STERNZEICHEN EINKOCHEN

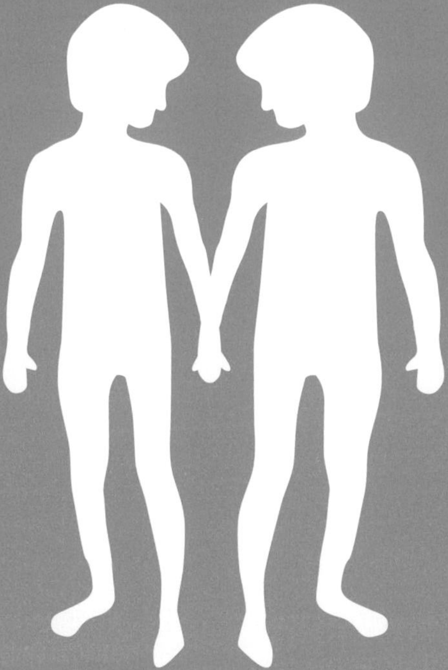

Wie die Zwillinge die Feuerzeichen Widder, Löwe, Schütze einkochen

Zwillinge & Widder

Der feurige Widder gibt das Tempo vor. Die Zwillinge lassen sich von der ungestümen Widder-Energie mitreißen. In seiner Unruhe und Ungeduld übertrifft der Widder sogar die Zwillinge. Während die Zwillinge doch auch gemütlich zur Ruhe kommen und eine Pause einlegen können, springt der dominante Widder weiter umher, wie es ihm beliebt. Er erhebt sich vom Tisch noch während der Mahlzeit, dreht auf der Terrasse seine Runden und lässt seinem zügellosen Temperament freien Lauf. Während der Zwillinge-Geborene, wenn er einmal sitzt, der Gemütlichere ist. Dennoch kann eine Partnerschaft der beiden gut funktionieren, weil sowohl Widder als auch Zwillinge aktiv und zielstrebig sind.

Worüber werden die beiden sich unterhalten? Der Widder ist überwiegend an wirtschaftlichen Themen, Projekten, Erfolgen interessiert. Die Zwillinge werden diese Themen weniger reizen, ihnen geht es nicht sosehr um Geld wie dem Widder, dem leidenschaftlichen Geschäftsmann. Gespräche über Börsenkurse werden die Zwillinge geschickt in solche über Kunst, Wissenschaft und Literatur überführen.

Der Widder ist anspruchsvoller, was die Einrichtung der Wohnung, besonders auch der Küche betrifft. Die Zwillinge sind unkomplizierter, sie stellen keine Ansprüche. Hat die Widder-Frau keine Zeit, bereitet sich der Zwillinge-Mann sein Essen selbst zu, geregelte Zeiten hält er ohnehin nicht ein. Er legt auch auf Bedienung keinen Wert. Er braucht in seiner Wohnung einen Tisch, ein Bett, einen Bücherkasten, eine Küche – das genügt. Ihm ist alles recht, er kritisiert nicht. Der Widder schon.

Der Widder setzt in seiner Küche die modernste Elektronik ein. Er will als erfolgreicher Wirtschaftsmann herzeigen, was er sich so alles erarbeitet hat. Die Zwillinge geben sich in der Küche mit einer kleineren technischen Ausrüstung zufrieden, denn sie stecken ihr Geld lieber in Reisen und Bücher als in eine neue Küche. Die alte tut's auch. Sie wollen ihren Geist mit so nebensächlichen Dingen wie die Anschaffung eines neuen Geschirrspülers oder eines funktionellen Herdes gar nicht erst belasten.

Die Essgewohnheiten der Widder- und der Zwillinge weichen geringfügig voneinander ab. Der Widder hat es gerne noch schärfer, noch würziger, noch roher. Seine Favoriten sind:

Eine große Portion Beef tatar. Das Steak hat er am liebsten blutig, well done ist ihm bereits zu zahm! Er liebt alles Gegrillte. Er liebt Wild, auch fernöstliche und orientalische Fleischtöpfe. Scharf und würzig muss die Zubereitung sein, Chili, Curry und Paprika sind das Seine.

Bei den süßen Nachspeisen sollte ein wenig mit Alkohol nachgeholfen werden. Und nicht zu vergessen die harten Schnäpse vor, nach und selbst zwischen den einzelnen Gängen! Ausführliche Rezepte für den Widder finden Sie im Genussbuch WIDDER.

Zwillinge können ihrem etwas heiklen Magen so schwer verdauliche Kost weniger zumuten, sie werden ein nicht so scharf gewürztes Nudel- und Saucengericht vorziehen.

Die harten Getränke, die der Widder uneingeschränkt verträgt, werden die Zwillinge eher meiden. Eben auch aus Rücksicht auf ihren empfindlicheren Magen. So wie sie auch Stressbelastung weniger gut aushalten und darauf achten, sie zu vermeiden.

Zwillinge & Löwe

Prinzipiell ergänzen einander Feuer- und Luftzeichen prächtig, sie brauchen einander, wirken aufeinander belebend. Beide zeichnen sich durch eine großzügige Lebensweise aus.

Ausgehen und Genießen sind ihr Lebenselixier. In der Begabung, im Nu heitere Stimmung zu verbreiten, stimmen die beiden überein. Sie sind zwei absolut lustige Kumpane, stets zum Feiern zu haben. Die Zwillinge planen und diskutieren, der Löwe schreitet zur Tat. Verstand und Kraft geben gemeinsam ein gutes Gespann, das ziemlich erfolgreich über die Runden kommt.

Schmeißen Zwillinge-Mann und Löwe-Frau eine Party, wird sie sicher gelingen. Sie wird dekorieren und für den Glamour sorgen, er wird die Gäste ebenso glänzend unterhalten. Sie werden einander gut ergänzen.

Das Einvernehmen trifft auch auf den Geschmack bei Speis und Trank zu. Sie haben beide die Toleranz, dem anderen das Seine zuzugestehen. Schon möglich, dass das Machtgehabe des Löwen den Zwillingen ab und zu auf die Nerven geht. Doch die Dissonanz ist rasch beendet, beide sind nicht nachtragend. Solang der Löwe die Zwillinge an der sehr langen Leine hält, ist alles gut.

Die Zwillinge kaufen gern auf Märkten und Bauernhöfen ein, der Löwe bevorzugt den Gourmetladen. Er muss doch stets betonen, dass für ihn das Beste gerade gut genug ist. Die Zwillinge nehmen mit ihrer heiteren Art das Imponiergehabe des Löwen nicht ernst.

Dem Löwen schmeckt mit Garantie der beste Champagner. Beim Löwen hat jeder Gastgeber schon gewonnen, wenn er ihm quasi die Krone aufsetzt. Diese Bühne überlassen die Zwillinge oftmals dem Löwen. Sie achten darauf, dass er am vornehmsten Platz zu sitzen kommt, von dem aus er alles übersieht und von dem aus er von allen gesehen werden kann.

Der Löwe lässt sich mit einem außergewöhnlich zubereiteten Diner verwöhnen, auch mit exotischen Speisen und tollen asiatischen Reisegerichten mit einer Vielfalt von Beilagen. Ein Tisch mit einem Drehteil in der Mitte, auf dem die vielfältigsten, buntesten Beilagen stehen und sich jeder etwas nimmt, ist für den Löwen genau das Richtige, weil der Löwe auch mit den Augen isst.

Beim Löwen niemals auf Nachspeisen vergessen! Löwen naschen für ihr Leben gern, sind auch entsprechend korpulent und sollten auf Herz und Kreislauf aufpassen. An Süßigkeiten können sie nur schwer vorbei, sie sind wahre Schlemmer. Ausführliche Rezepte für den Löwen finden Sie im Genussbuch LÖWE.

Den Löwen faszinieren edle Tischdekorationen, schönes Geschirr, Gläser, Tafelbesteck. Die Zwillinge brauchen ein solches Ambiente nicht unbedingt, sie tauchen die Tafel nicht in Glanz, aber sie machen dieses Manko mit ihrer Originalität wieder wett.

Lehnt der Löwe ein Gericht ab, das den Zwillingen zusagt – zum Beispiel ein vegetarisches – so ist er nicht gekränkt, sondern bietet sofort eine Alternative an. Zwillinge sind Könige der Improvisation. Beiden Sternzeichen geht es in erster Linie darum, anregende Gespräche zu führen und neue Bekanntschaften zu schließen.

Der Löwe delektiert sich an guten Markenweinen, er ist der große Weinkenner. Für die Zwillinge muss es nicht die teuerste Marke sein, aber wenn sie Gastgeber sind, werden sie das Beste auf den Tisch zaubern. Im Restaurant übernehmen sie großzügig die Rechnung, da sind sie nicht kleinlich.

Auch wenn der Löwe und die Zwillinge in eine hitzige Debatte geraten, schmälert das nicht ihr Vergnügen aneinander. Sie sind nicht nachtragend und gleich wieder versöhnt. Sie sind gute Geschäftspartner, wobei die Zwillinge vielleicht noch schneller Ideen einbringen und wendiger im Erkennen von Möglichkeiten sind.

Zwillinge und Löwe bilden eine gute Partnerschaft – sowohl fürs Leben wie auch geschäftlich. Der Löwe ist vom Lebenshunger der Zwillinge fasziniert. Er will bei dieser Heiterkeit der Lebensführung stets dabei sein.

Zwillinge & Schütze

Schützen wollen wie die Zwillinge keine Zwänge bei Tisch, keine Zwänge im Beruf, keine Zwänge in der Partnerschaft, Freiräume sind etwas ganz Wichtiges für sie. Diese beiden Sternzeichen geben ein überaus harmonisches Paar ab, denn sie schwingen auf einer Wellenlänge. Sie lieben ein offenes Haus, beide kommen und gehen, wie es ihnen passt, sie können ungemein gut miteinander auskommen, der eine fühlt sich vom anderen gut verstanden. Auch wenn sie sich scheiden lassen, werden sie dies auf die leichte Schulter nehmen – tja, es hat nicht sollen sein! – und nachher noch gute Freunde bleiben.

In der Partnerschaft kocht einmal der eine, einmal der andere, und sie stellen aneinander keine große Erwartungen und Ansprüche. Der Schütze geht gern mit seinen Freunden auf ein Bier, nimmt dort auch schnell einmal etwas zu sich, ruft zu Hause an, dass er heute später kommt, und das war's. Dieser legere Umgang kommt dem Zwillinge-Partner gerade recht, denn auch er verhält sich so.

Sie sind ähnlich bei der Auswahl ihrer Lokale, trampen gerne, leben im Zelt, im Wohnwagen, wandern und reisen viel und sind naturverbunden. Sie sind Meister im schnellen Organisieren von Speisen, das Catering scheint von ihnen erfunden, wie auch die schnellen Fertiggerichte. Problemlos können sie mal bei einer

Grillparty oder einem Picknick am Boden sitzen, dann wieder in ein Luxusrestaurant wechseln. Beides macht ihnen Spaß.

Hauptsache es kommt Freude in der Runde auf – nur ja keine Langeweile. Es kann schon sein, dass einer der beiden dann weniger zu Wort kommt, weil sich ja beide gerne reden hören, aber auch das ist kein großes Problem.

Den Schützen einzuladen, ist für die Zwillinge unkompliziert. Keiner muss sich in Schale werfen, es müssen nicht unbedingt alle Gläser auf dem Tisch zusammenpassen. Dissonanzen in Stil- und Etikettefragen stören nicht. Auch im Ausland essen sie mit Vorliebe alles, was im Lande üblich ist, sie probieren alles aus.

Auch die Wohnungs- und Kücheneinrichtung ist für den Schützen nicht von Belang, und auch er kann auf elektronische Ausstattung bei den Geräten verzichten. Er bevorzugt das Kochen mit einfachen Mitteln, denn er ist gut im Improvisieren. Weder Zwillinge noch Schützen sind Köche, die geduldig am Herd stehen. Für Zwillinge und Schütze muss alles schnell gehen.

Auch bei der Wahl der Gerichte leitet den Schützen und die Zwillinge ein übereinstimmender Geschmack. Die fetten, deftigen Speisen lassen sie eher links liegen. Bevorzugt wird Wild, Schafskotelett – am besten gegrillt

– und vieles vom Bio-Bauern, etwa ein Gemüse-Eintopf mit Lammfleisch. Auch ein Fondue kommt dem Temperament beider Sternzeichen entgegen, denn während sie die Fleischstücke oder – bei vegetarischen Vorlieben – die Käse und Gemüsestücke in die heiße Suppe oder ins heiße Öl tauchen, können sie ungestört ihrer Lieblingsbeschäftigung nachgehen: Reden. Ausführliche Rezepte für den schützen finden Sie im Genussbuch SCHÜTZE.

Auch bei einer delikaten Bretteljause können beide ihren Spaß haben. Sie fühlen sich auch zu vegetarischer Kost und zu allem, was frisch vom Bauernhof kommt, hingezogen. Auf so einem Hof würden sie auch gern wohnen, am liebsten gleich in Australien oder Kanada. Sie bauen sich vorzugsweise Holzhäuser, reiten und umgeben sich mit Haustieren. Schon wegen ihrer großen Nähe zu Vierbeinern sind sie bevorzugt Vegetarier. Obwohl die Schützen auch als Jäger durch den Wald ziehen, sind sie doch die eifrigen Umwelt- und Tierschützer.

Beide sind keine Spielverderber, brauchen aber im Grunde keinen Schnick-Schnack und können auf Aperitif, Champagner und Schnaps gut und gern verzichten.

Wie die Zwillinge die Erdzeichen Stier, Jungfrau und Steinbock einkochen

Zwillinge & Stier

Diese beiden Sternzeichen sind in ihren Anlagen grundverschieden, aber sie können sich arrangieren. Der Stier sucht Gemütlichkeit, Sicherheit, Geborgenheit, er verabscheut Aufregung und Ungewohntes. Die Zwillinge sind ständig auf der Suche nach Spannung, Aufregung, Abenteuer.

Der Stier liebt das Konservative, Vertraute. Er kann den Zwillingen ein gemütliches, stabiles Heim bieten, er wird sich bemühen, die Zwillinge in ihrem rastlosen Tatendrang auf den Weg der Vernunft zu bringen.

In einer Freundschaft oder Partnerschaft werden die Zwillinge vorerst von der Stabilität und Erdverbundenheit des Stiers profitieren. Wohingegen das ewige Rasen rund um den Erdball dem Stier nichts bedeutet. Er will Heim, Familie, Gemütlichkeit. Geregelte Mahlzeiten gehören dazu. In einer Ehe zwischen den beiden bietet der Stier die wirtschaftliche Stabilität. Stiere verfügen über ein gesundes Verhältnis zum Geld, sind Genießer, kennen aber auch ihre Grenzen.

Die Zwillinge werden sich durch das schwerfällige, starre Temperament des Stiers in ihrem Tempo zwar gebremst und eingeschränkt fühlen, aber über die Genüsslichkeit und Erotik können sich Stier und Zwillinge füreinander begeistern.

Dazu gehört zum Beispiel, dass sie in der Küche ihre Kompromisse finden: Der Stier liebt die schweren Gerichte, die guten Braten mit Knödeln und dicken Sahnesaucen. Als Hauptgericht sollte es einen klassischen Braten geben, etwa Rindsbraten, Rehrücken, am liebsten in Rahmsauce mit ordentlichen Semmelknödeln. Er isst gerne von der Schweinshaxe, vom Schweinsbraten, liebt Gulasch, Rindsrouladen, Wild, Ente, Gans, Geflügel. Auch wenn die Gans fett ist, stört ihn das nicht. Er liebt dicke, sämige Saucen, selbstverständlich mit Obers oder Rahm zubereitet.

Stiere brauchen unbedingt eine Nachspeise wie Palatschinken, Topfennockerln, Kaiserschmarren. Er liebt cremiges Eis mit Schlagobers. Oder es darf auch ganz klassisch die Sachertorte mit Schlagsahne sein. Hier müsste sich der Stier ein wenig auf leichtere, lockere Kost umstellen, denn die deftige Alt-Wiener-Küche wird für die Zwillinge zu schwer sein. Leichtere mediterrane Gerichte wären hier der Kompromiss.

Ausführliche Rezepte für den Stier finden Sie in unserem Genussbuch STIER.

Zieht man mit einer Stier-Frau an einem wirtschaftlichen Strang, ist sie die geduldige, ausdauernde Partnerin, die über vieles hinwegsieht, sie schließt Kompromisse. Sie zieht die Karre aus dem tiefsten Morast wieder heraus, auch in der Beziehungskrise.

Eine Stier-Frau wäre für den Kinder liebenden Zwillinge-Mann an sich der richtige Ehepartner. Während er durch die Weltgeschichte rast, sorgt sie hundertprozentig für das Gedeihen von Familie, Haus und Garten. Auf Dauer herrscht hier natürlich ein Ungleichgewicht. Stier-Frauen sind eifersüchtig, sie versuchen, die Zwillinge an die Leine zu legen. Fühlt sich die Stier-Frau ins Abseits gedrängt, wird sie leiden.

Noch ein Ungleichgewicht kann auf sie zukommen: Der Stier neigt zur Korpulenz, die Zwillinge halten sich auch im Alter schlank. Da kann es vorkommen, dass sie sich schon in ihren Körpermassen auseinander entwickeln. Sie wird daheim zur Matrone, er bleibt der schlanke Jungendliche. Hundertprozentig punkten kann die Stier-Frau nur dann, wenn sie auch auf den Erhalt ihres guten Äußeren und ihrer Attraktivität Wert legt.

Stier-Männer punkten auch bei Zwillinge-Frauen mit ihrem ausgeprägten Verantwortungsbewusstsein, denn sie arbeiten viel, um ihren Partnerinnen die Reisen, das Ausgehen und die häusliche Sicherheit zu finanzieren. Und sie wissen: Für die Zwillinge-Frau darf der Alltag nicht eintönig werden, sonst ist sie dahin. Ein Heimchen am Herd ist sie nicht.

Will sie mit ihren Freundinnen ausgehen, muss der Stier auch einmal allein bleiben. Andererseits ist der Stier der absolute Gourmet, er verlangt von seiner Partnerin die Erfüllung seiner kulinarischen, häuslichen Wünsche. Sind beide nicht kompromissbereit, kann der Strick, an dem beide ziehen sollten, reißen. Wird es ihnen zu bieder, wenden sich die Zwillinge schnell etwas Aufregenderem zu. Bei den Zwillingen geht die Liebe nicht allein durch den Magen, da gehört mehr dazu: Fröhlichkeit, Einfallsreichtum, Esprit, kultureller Reichtum, Reisen.

Der Stier sollte die Luftigkeit und Leichtigkeit der Zwillinge auf keinen Fall bremsen. Wird es ihnen aber trotz aller Annehmlichkeiten zu eng, gehen sie und lassen alles zurück. Die ungezwungene Freiheit ist ihnen mehr wert als wirtschaftliche Sicherheit.

Zwillinge & Jungfrau

Auch diese beiden Sternzeichen stehen in Spannung zueinander, denn dabei handelt es sich um zwei intellektuelle Sternzeichen, die vom Planeten Merkur beherrscht sind. So finden sie sich in gemeinsamen Arbeitsprojekten, aber nicht in ihrer Lebensart. Die Jungfrau hat zehnmal mehr Ernsthaftigkeit als die Zwillinge, was für Letztere zum Problem wird, weil sie vom Partner stets Lebensfreude und eine positive Grundhaltung erwarten.

Die Jungfrau ist kritisch, fast kleinkariert, nörglerisch. Sie würde den Zwillingen am liebsten pausenlos Vorschriften machen. Die Jungfrau macht keinen Schritt, ohne vorher zu planen, sie geht auf Nummer sicher, analysiert alles zweimal, ehe sie eine Entscheidung trifft. Für die Zwillinge dauern diese Analysen zu lang. Die Jungfrau geht der Sache auf den Grund und erwägt sie von allen Seiten. Sie hat zu viel Angst vor dem wirtschaftlichen Misserfolg. Den kann sie nur schwer verkraften, da ihr Sinnen auf den Erwerb von sicherem, materiellem Besitz ausgerichtet ist. Was hingegen den Zwillingen nicht das Wichtigste ist.

Genau betrachtet liegen die Charaktere, Temperamente und Lebensziele von Zwillingen und Jungfrau so weit auseinander, dass die kleinste Kleinigkeit zur Diskussion und zum Streit führen kann. Positiv in einer Zwillinge-Jungfrau-Beziehung könnte sein, dass sich die Zwillinge belebend einbringen. Die Jungfrau könnte von den Zwillingen Lockerheit und Leichtigkeit lernen. Im Gegenzug könnte die Jungfrau ihnen Festigkeit und Sicherheit bieten. In der Theorie. Auf Dauer wird diese Verbindung jedoch nicht von Bestand sein: Sie sieht in den Zwillingen das Flatterhafte, den flirtenden untreuen Charmeur, der fremd geht und zu immer neuen Affären tendiert. Die Jungfrau dagegen ist alles andere als egoistisch und nimmt sich mit ihrem ausgeprägten Altruismus nicht selten anderer Menschen an.

Die Jungfrau wird oftmals in ihrem Versuch, die Zwillinge zu „erden", Schiffbruch erleiden. Was ihr vermutlich selten behagen wird. Andererseits täte ihr die lockere Sichtweise auf das Leben im Allgemeinen und Liebe und Erotik im Besonderen, die die Zwillinge gern mit ihr teilen wollen, manches Mal ganz gut.

Ehen zwischen Zwillingen und Jungfrau können nur mit viel Rücksichtnahme von beiden Seiten zusammengehalten werden. Ist die Jungfrau ausreichend wirtschaftlich abgesichert, nimmt sie dafür viel in Kauf. Dann ist sie womöglich sogar bereit, über so manchen Seitensprung ihres Zwillinge-Partners hinweg zu sehen. Dieser weiß es zu schätzen, dass er mit der Jungfrau viel aufbauen kann. Sie sorgt auch für den Lebensabend vor.

Wollen Zwillinge-Männer bei sich zu Hause ein Geschäftsessen geben, werden sie sich auf ihre Jungfrau-Partnerinnen hundertprozentig verlassen können. Sie werden ebenso als intellektuelle Gesprächspartnerinnen wie als ausgezeichnete Köchin brillieren, beides gehört zu ihren Qualitäten.

In der Ernährung klaffen ihre Geschmäcker nicht so weit auseinander: Auch die Jungfrau liebt milde Kost mit viel Gemüse, wie etwa die italienische Küche.

Weil Jungfrauen sehr ernährungsbewusst sind, liegt ihnen die Bio- und vegetarische Küche, die auch den Zwillingen mundet.

Ausführliche Rezepte für die Jungfrau finden Sie im Genussbuch JUNGFRAU.

Zwillinge & Steinbock

Hier handelt es sich um zwei Sternzeichen, deren Lebensarten und Gefühlslagen konträr verlaufen. Die Leichtigkeit und Prinzipienlosigkeit der Zwillinge machen den Steinbock nervös und unsicher. Er lebt nach Regeln und besitzt die ruhige Ernsthaftigkeit des planenden, vernünftig denkenden Menschen. Das Sorglose, Spontane der Zwillinge ist dem Steinbock fremd. Die Zwillinge wiederum können zwar das Starre, Festgefahrene des Steinbocks etwas auflockern, aber im Grunde nimmt der Steinbock das Leben viel zu ernst. Der Steinbock vergönnt sich nichts, lebt asketisch und findet die Leichtigkeit des Seins unerträglich.

Dennoch könnte eine Beziehung gut verlaufen, denn der Steinbock ist sparsam und überlegt. Er plant voraus, was die Zwillinge selten tun. Der Steinbock sorgt für seine Lieben, bei ihm wird man nie einen leeren Kühlschrank vorfinden. Der Steinbock liebt Gediegenes, Haltbares, Eleganz. Er legt großen Wert auf schöne Tisch- und Wohnkultur. Sein Wunsch nach Beständigkeit drückt sich in edlen Antiquitäten und gediegenem Interieur aus.

Der Steinbock richtet sich in neutralen, unaufdringlichen Farben ein. Und zwar am liebsten nur einmal im Leben, denn was er einmal beschlossen hat, soll über Jahre so bleiben. Der Steinbock liebt Heim und Herd und lebt zurückgezogen in seinem sehr individuell gestalteten Zuhause. Die Zwillinge hingegen wechseln die Wohnungen wie ihre Hemden, richten sich immer wieder neu ein, haben die Koffer griffbereit, leben mehr auf Reisen als anderswo.

Freude an Geselligkeit haben eher die Zwillinge als der Steinbock, der oft kühl und abwartend reagiert. Der Steinbock ist der Bewahrer, seine Freundschaften halten ewig und auf die erotische Spontaneität der Zwillinge kann sich der Steinbock nur schwer einstellen. Der prüft lieber gründlich, ob eine Beziehung etwas Ernsthaftes werden könnte, ehe er sich darauf einlässt.

Wie die Zwillinge von der Beständigkeit, Verlässlichkeit und der behütenden Obsorge des Steinbocks profitieren könnten, so vermag der Steinbock durch das Geistreiche, Spontane und Lockere der Zwillinge zu gewinnen. Sie könnten voneinander lernen, zumindest einander respektvoll ergänzen. Theoretisch. Denn mit dem asketischen, verantwortungsbewussten Steinbock kommen die Zwillinge nur schwer zurecht. Da sind die beiden meilenweit voneinander entfernt.

Steinböcke neigen zum Einzelgängerischen. Steinböcke stehen oft einsam im Hochgebirge und schauen auf das Geschehen herab. Der Steinbock kann gut alleine leben, er lebt selten in der Großfamilie und ist selten mit großem Kindersegen bedacht. Er plant sehr genau, ehe er sich eine große Verantwortung für die Familie aufbürdet.

Der Steinbock ist kein Gourmand, er hat einen feinen Gaumen. Er lebt bewusst und gesundheitsorientiert, liebt dennoch erstklassige Hausmannskost, aber auch die exotische Küche. Er ist ein Meister des guten Würzens. Bei ihm besteht der Gewürzschrank nicht nur aus Salz und Pfeffer.

Die Leibspeisen des Steinbocks: Gute Rindsrouladen, Rehrücken, auch indische Küche. Lieber als ein Dessert ist ihm eine ordentliche Vorspeise: Krabben und andere Meeresfrüchte oder eine gepflegte Portion Haussulz, sowie Carpaccio oder Parmaschinken mit Ruccola. Der Steinbock liebt die italienische Küche, ausgenommen schwere Rahmsaucen, die ihm oft Magen und Galle belasten. Anstelle schwerer Gerichte bevorzugt er die leichte französische Zubereitung: Pasteten, Lamm, eher Huhn und das leichte Fleisch, Fisch. Ausführliche Rezepte für den Steinbock finden Sie im Genussbuch STEINBOCK.

Ein überraschendes Faktum: Steinbock und Zwillinge weisen als Ehepartner, statistisch gesehen, die meisten Scheidungen auf. Sind sie bloß Freunde, kann dies jedoch funktionieren. Auch beruflich wirken die beiden positiv zusammen. Der Steinbock ist der gute Planer, der die Übersicht behält, wirtschaftlich vertrauensvoll und dadurch auch von positivem Einfluss auf die Zwillinge. Am besten man überlässt ihm die Finanzen bis hin zur Buchhaltung.

Wie die Zwillinge die Luftzeichen Zwillinge, Waage und Wassermann einkochen

Zwillinge & Zwillinge

Treffen Zwillinge und Zwillinge aufeinander, wird man sich sehr bald fragen, wer von den beiden den anderen übertönt. Wer wird mehr, wer wird weniger sprechen? Wer wird auch einmal zuhören können? Im Allgemeinen jedoch werden sie auf ihren Reisen, aber auch bei ihren Gaumenfreuden viel Gleichklang vorfinden.

Für beide ist Nahrungsaufnahme ein notwendiges Übel, um das sie kein übermäßiges Tamtam veranstalten. Für sie zählt das, was man nach der Energiezufuhr alles in die Wege leiten kann. Was alles unternommen werden kann, um keinen Trott aufkommen zu lassen. Sie werden einander inspirieren, werden vieles gerne gemeinsam machen. Um sie auseinander zu bringen, müssten sie schon große Einzelgänger sein, was Zwillinge bei aller Selbstgenügsamkeit im Allgemeinen nicht sind. Es kommt dabei auf weitere Konstellationen an, ob einer lieber allein als in Begleitung mit dem Rucksack durch Australien trampt. Normalerweise aber ergänzen Zwillinge und Zwillinge einander recht gut, sie haben ähnliche Vorstellungen von ihrer Welt. Bei diesen zwei Doppelnaturen mit den insgesamt vier Seelen in ihrer Brust wird es immer zu einem gewissen Ausgleich kommen. Was der eine vergisst, daran erinnert sich der andere. Ist der eine grantig, ermahnt ihn der andere, sich nicht gehen zu lassen. Ist der eine unhöflich, wird ihn der andere zu mehr Rücksicht anhalten.

Die beiden sind unkomplizierte Partner, sie sind nicht aggressiv, nicht aufbrausend, wie etwa der Widder. Sie sind nicht nachtragend. Sind sie dem anderen einmal böse, dann immer nur kurz. Ein ordentlicher Krach kann schon einmal vorkommen, die schlechte Stimmung ist aber schnell wieder vergessen. Nachtragend wie der Krebs, der Skorpion, Stier, Steinbock oder die Jungfrau, sind die Zwillinge nicht.

Stehen beide in der Küche, so läuft alles leger und problemlos ab. Sie machen halbe-halbe. Einer kauft ein, der andere kocht. Wer gerade die Hände frei hat, packt zu. Der eine deckt auf, der andere wäscht ab. Große Ästheten sind Zwillinge nicht, sie leben nicht nur für die Wohnung, statten diese nicht luxuriös aus, denn sie sind ja viel im Hotel, im Wohnwagen unterwegs. Anders als der Krebs, der sein Heim über alles liebt und sich gern in seinen vier Wänden einschließt.

In der Küche muss es für die Zwillinge schnell gehen, sie wollen nicht Gold und Silber um sich, denn sie haben keine Freude damit, Silber zu putzen oder Tischtücher zu bügeln. Ihre Wohnung ist geordnet, Platten und Bücher liegen in ihren Regalen griffbereit zur Hand. Zeitungs- und Bücherstapel überall zeigen an, dass Zwillinge Leseratten sind. Sie sind einander in Wünschen und Taten ähnlich.

Wenn Zwillinge mit Zwillingen ausgehen, haben sie keine Probleme miteinander. Beide lieben die gleichen Lokale, meist solche mit fernöstlichem Flair, was auf denselben Reisegeschmack schließen lässt. Aber sie sind auch mit schlichten Jausenstationen zufrieden, denen sie auf ihren Wanderungen begegnen. Es muss für sie nicht unbedingt ein Luxusrestaurant sein.

Die Zwillinge sind zwar keine Verschwender, aber sie investieren fast nur in ihre Hobbys.

Zwillinge sorgen häufig auch deshalb für ihr Alter kaum vor, weil sie vermeinen, die ewige Jugend gepachtet zu haben. Sie sind davon überzeugt, ewig durch Arbeit versorgt zu sein, zum Beispiel als Künstler, Regisseure, Literaten, Journalisten. Sie können sich nicht vorstellen, dass ihre schwungvolle Schaffenskraft sie einmal verlässt. Und es stimmt: Sie sind bis zum Tod fleißig und schaffensfreudig.

Zwillinge & Waage

Diese beiden Sternzeichen kommen prinzipiell gut miteinander aus. Die geistreichen, belesenen und weit gereisten Zwillinge sind grundsätzlich für die in ihren Entscheidungen eher zögerliche Waage ein Gewinn. Die Zwillinge vermögen sie zu faszinieren. Sie bringen viel frischen Wind in ihre eher ruhige, ausgeglichene Welt. Waagen werden durch die aufgeweckten Zwillinge auf Trab gebracht – zumindest zu Beginn einer Beziehung. Auf Dauer könnte für die Waage die unruhige Hektik der Zwillinge zum Problem werden. Sie ist den Zwillingen sicher eine gute, aufmerksame Zuhörerin. Bei ihr können sie mit der Fülle ihres Wissens und Könnens, ihren Berichten aus der Welt der Wissenschaft und der Kunst mit Sicherheit punkten. Soweit so gut. Der Zwillinge-Mann redet, die Waage-Frau hört zu. Aber in die unvernünftigen Auswüchse seiner Hobbys, Reisen und Unternehmungen wird sie ihm nicht folgen mögen. Vor seiner Hektik und seinen verrückten Projekten resigniert sie. Damit wird er sie gänzlich zum Schweigen bringen, aber auch zum Verschweigen ihrer eigenen Wünsche und Sehnsüchte.

Es wäre ja an sich schön: Die in sich ruhende Waage bringt in das zerrissene Leben der Zwillinge Ruhe und Harmonie. Sie verführt sie dazu, weniger hektisch zu leben. Aber zu welchem Preis? Die Zwillinge lieben die lebhafte, kontroverse Auseinandersetzung, sie suchen den intellektuellen Gesprächspartner, der ihnen reichlich Contra gibt. Die Waage dagegen geht allzu lauten und leidenschaftlichen Kontroversen aus dem Weg. Sie sucht nicht den Konflikt, in dem die Zwillinge sich bewähren möchten. Vor allem am Esstisch, den die Zwillinge gern als Bühne ihrer lebhaften Ausführungen benützen, möchte die Waage es gemächlich, ruhig und genussvoll haben. Heftige Debatten gehören nicht zu ihrer Vorstellung von einem kultivierten Tischgespräch.

Prinzipiell wird es, wenn Zwillinge und Waage den Abend gemeinsam verbringen, deshalb nicht zwangsläufig unharmonisch zugehen. Die Waage ordnet sich unter und folgt gespannt und taktvoll den interessanten Gesprächen des Zwillinge-Partners, auch wenn sie dabei nicht zu Wort kommt.

Die Zwillinge lieben es zu monologisieren, das stört die Waage lange nicht, denn sie hat selten eine ausgeprägte eigene Meinung. Der Zwillinge-Geborene bemerkt erst gar nicht, dass nur einer, nämlich er, spricht. Er kann nie genug davon kriegen, von sich und seiner Welt zu erzählen. Langweilig wird es mit ihm nie. Die Waage kann dagegen sehr wortkarg sein.

Die Herrscherin der Waage ist die Venus, daher genießt sie das Schöne, verströmt Ruhe und Harmonie. Sie will eine ästhetische Atmosphäre, mit Stil richtet sie ihre Wohnung ein, mit Stil deckt sie den Tisch. Der Zwillinge-Geborene braucht all diese Attribute von Schönheit und Eleganz weniger. Ihm genügt für so untergeordnete Tätigkeiten wie die Nahrungsaufnahme der schnelle Futtertrog.

Laden die Zwillinge einen Waage-Geborenen zum Essen ein, werden sie sie bekochen und ganz sicher ihren Geschmack treffen: Sie wird ein Gericht der etwas anspruchsvolleren, feineren Küche wählen. Sie stillt ihren Hunger nicht unbedingt mit asiatischen Fleischtöpfen und mexikanischen Steaks. Auch deftige Grill- und Fleischgerichte der heimischen Küche werden ihr weniger Freude bereiten. Mehlspeisen und süße Nachspeisen aber sind für sie ein Muss. Alles Cremige, von Obers fein Durchzogene erfreut ihren Gaumen.

Desserts: Saftige Kuchen und Torten, Bäckereien, mit Schlagobers verziertes Eis! Beim Obst werden sie einträchtig zusammen finden, denn dieses Natur-Dessert findet bei beiden Anklang. Ausführliche Rezepte für die Waage finden Sie im Genussbuch WAAGE.

Die nervöse Hektik der Zwillinge wird für die Waage jedoch immer zum Problem werden. Hektik und Ruhelosigkeit verursachen ihr Stress. Selten tragen die beiden Sternzeichen auf Dauer zum Glück des anderen bei. Freundschaften können anregend sein, von beiden Seiten gesucht. Aber eine Ehe auf Dauer? Da könnte die Waage auf der Strecke bleiben, ihr ruhiges, harmonisches Wesen könnte überfahren werden.

Was die Zwillinge am meisten stört, ist, dass sie nicht wirklich mit der Waage diskutieren können. Denn sie wollen schnelle Entscheidungen, schnelle Standpunkte, die Waage legt sich aber nicht fest. Die Hektik der Zwillinge geht zu Lasten des Waage, während Ersterer womöglich nicht merkt, dass Letztere unglücklich sind. Das geht so lange gut, bis die neugierigen Zwillinge etwas Neues finden, etwas Aufregenderes. Entwickelt die Waage nicht mehr Pep und Tempo, wird diese Partnerschaft unter keinem beglückenden Stern stehen.

Zwillinge & Wassermann

Diese beiden Luftzeichen kommen sehr gut miteinander aus, ihre Partnerschaft kann geradezu ideal und harmonisch funktionieren. Ihrer beider Lebensziele sind auf Veränderung und stete Abwechslung gerichtet. Sie wollen beide nicht eingeengt und festgelegt sein. Sind die Zwillinge bei allem Freiheitsdrang doch auch familienbewusst, so trifft das auf den Wassermann weniger zu. Die Zwillinge sind in Maßen diplomatischer, sie lassen auch noch andere Meinungen neben der ihren gelten.

Die beiden sind im intellektuellen Austausch für einander belebend, die Zwillinge lassen sich von den Ideen des Wassermanns mitreißen. Gefällt dem Wassermann etwas nicht, hält er mit seiner Kritik nicht hinterm Berg, er sagt frei heraus, was ihm missfällt. Die Zwillinge können damit umgehen, sie werden die Kritik nicht persönlich nehmen.

Jedoch ist der Wassermann im Allgemeinen ein gern gesehener Gast, er ist anregend. Geselligkeit wird bei ihm groß geschrieben. Befindet sich ein Wassermann in der Runde, ist für ein lebhaftes, amüsantes Programm in der Regel gesorgt.

Zwischen diesen beiden so ähnlichen Luftzeichen herrscht kaum Rivalität. Beide lehnen das Strenge, Spießige, Konservative, Reglementierte ab. Auch in ihrem Lebensgenuss sind sie einander ähnlich, sie gehen beide gern aus, lieben die große, gesellige Runde, doch dann unterscheiden sie sich auch wieder. Wassermänner legen vereinzelt Alkoholexzesse hin, sie neigen zu depressiven Phasen. Wassermänner sind exzessive Menschen, Zwillinge fast überhaupt nicht.

Auch auf Reisen gehen Wassermann und Zwillinge sehr locker und gemütlich miteinander um. Sie lieben beide das abenteuerliche, unprogrammierte Reisen, sie ändern spontan ihre Route, halten sich nicht an Fahrpläne und Buchungen, für beide ist das Fremde absolut faszinierend. Keiner wird dem anderen einen Vorwurf machen, wenn es irgendwo unterwegs einmal nicht so fein zugeht, wie es sich vielleicht gehören würde.

Der Wassermann ist spontan. Er meldet sich dementsprechend für einen Besuch nicht erst kompliziert an. Ganz kurzfristig erklärt er, schnell einmal wo vorbeizukommen. Ist der überrumpelte Gastgeber ein Zwillinge-Geborener, kann das gut gehen, denn auch er freut sich über Improvisationen. Er sagt spontan zu, schmeißt schnell Spaghetti in den Topf, dazu trinken sie den vom Wassermann mitgebrachten Wein. Im Eiskasten wird sich immer etwas finden, was sich zu einem schnellen Gericht zusammenbrauen lässt. Wenn nicht, gehen beide gleich nebenan ins Beisel und essen dort eben gemeinsam eine Kleinigkeit. Sie haben beide kein Problem, wenn der Tisch einmal nicht ausgesucht gedeckt ist.

Sie scheuen beide auch nicht davor zurück, rasch den Sushi-Service oder den Pizza-Lieferanten anzurufen, wenn es einmal schnell gehen muss. Auch Fertiggerichte werden rasch in den Ofen gesteckt. Es muss für sie nicht immer Kaviar sein.

Den Wassermann kann man übrigens mit scharf gewürzten Gerichten aus dem Nahen und Fernen Osten begeistern. Sie werden sich weniger an die üppigen, fetten Braten halten, sondern lieber an leichtes, naturbelassenes Gemüse, Meeresfrüchte, toll zubereitete Fischrezepte.

Sie probieren in ihrer Neugier alles aus. Sie wollen vielfältige Gerichte auf dem Tisch, nicht nur eine Auswahl. Auf einer Pizza sollte jedes Viertel anders belegt sein. Auch zu Spaghetti sollte es mindestens vier Sorten Sugo geben.

Exotische, fremdländische Küche zieht sie an, von mexikanisch bis äthiopisch, aber auch ungarisches Gulasch oder Pörkölt sind nach ihrem Geschmack.

Wassermänner sind Naschkatzen, ihr Nervensystem fährt immer auf Hochtouren, sie brauchen Süßes zur Beruhigung.

Ausführliche Rezepte für den Wassermann finden Sie im Genussbuch WASSERMANN.

Obwohl Freigeister, leben beide Sternzeichen nicht gern alleine. Oft ist es ihre Schuld, dass sie sich in ein Single-Dasein katapultiert haben, weil der Partner mit ihrem unsteten Temperament nicht mehr zurechtkam. Bei den Wassermännern kann es vorkommen, dass sie immer wieder mal schnell untertauchen und allein sein wollen, im Allgemeinen sind sie aber keine Einzelgänger, Eremiten oder Mönche. Sie gehören absolut zu den Gesellschaftsmenschen, zu den intellektuellen Freigeistern, für die der Erdball fast zu klein ist. Sie scheuen keine Mühen und Plagen, um die Welt kennen zu lernen, leider fehlt es oft am Geld dafür, denn Sparmeister sind sie keine.

Wie die Zwillinge die Wasserzeichen Krebs, Skorpion und Fische einkochen

Zwillinge & Krebs

Die Lebensgewohnheiten dieser beiden Sternzeichen verhalten sich zueinander absolut konträr. Während die Zwillinge die Welt erkunden, geht der Krebs gern in seiner eigenen überschaubaren Welt in Deckung. Der Krebs ist konservativ und häuslich: My home is my castle – das ist sein Leitbild. Er braucht ein schönes Zuhause, das ihm als sichere Krebsschale dient, die er auch schon einmal schließen kann, um niemanden hereinzulassen. Der Krebs will und kann in seinen gemütlichen vier Wänden wunderbar alleine sein.

Laden die Zwillinge einen Krebs-Geborenen zu sich nach Hause ein, werden sie sich anstrengen müssen. Der Krebs legt Wert auf Tischkultur, Sitzordnung, schönes Service, passende Gläser, gute Getränke. Der Krebs liebt alles so, wie die gut bürgerliche Tradition es vorschreibt und fühlt sich in klassischem, etwas altmodischem Ambiente wohl. Gehen die beiden miteinander aus, wird der Krebs gediegene Hausmannskost und nicht allzu auffallend Gewürztes bevorzugen.

Auf jeden Fall sollte auch eine Flasche gutes Trinkwasser auf den Tisch, denn der Krebs nimmt viel Flüssigkeit zu sich, auch in Form von Suppen und Tees.

Der Krebs liebt Fisch und Nudeln. Für den Krebs darf es immer wieder etwas aus dem Wasser sein, denn er hat die Ruhe zum Sortieren der Gräten. Er bevorzugt leichtes Essen, allzu fettes, schweres bekommt ihm nicht. Er muss seinen empfindlichen Magen schonen. Krebse sind Experten der Ernährungswissenschaft. Es interessiert sie, den Gerichten, Zutaten, Kalorien auf den Grund zu gehen. Vernünftigerweise passen sie auf, was sie essen dürfen und was nicht.

Ausführliche Rezepte für den Krebs finden Sie im Genussbuch KREBS.

Kocht der Krebs etwas für die Zwillinge, was diese in ihrer unbefangenen Art lauthals kritisieren, wird er die Kritik sofort auf sich beziehen. Krebse sind überaus leicht gekränkt. Ist der Krebs einmal verletzt, braucht er viel Liebe und Herzlichkeit, um wieder auf die Beine zu kommen. Der Krebs wartet auf eine Entschuldigung, aber die kommt von den Zwillingen nicht. Nicht weil diese stur wären, nein, weil sie den Schaden, den sie angerichtet haben, gar nicht bemerken. Während der Krebs auf das Seelenleben anderer Rücksicht nimmt und darauf achtet, niemandem weh zu tun, sind die Zwillinge ganz anders gestrickt. Ihnen kommt es darauf an, mit keiner ihrer Gefühlsregungen hinter dem Berg zu halten. Deshalb kann es oft zu Verletzungen, Spannungen und Konflikten kommen.

Der Krebs ist kulturell interessiert, er ist in Gesellschaft ein unterhaltsamer Gast, der Diskussionen und Auseinandersetzungen auf gepflegtem Niveau liebt. Er ist der gründliche Planer, sorgt pedantisch für sich und seine Lieben, inklusive Hund. Er will nichts dem Zufall überlassen. Und fühlt sich daher von seinem unbeständigen Zwillinge-Partner oft im Stich gelassen.

Zwillinge & Skorpion

Für einen netten, auch kulinarisch befriedigenden Abend werden Zwillinge und Skorpion einen gemeinsamen Weg finden. In einer Partnerschaft wird man sich die Zwillinge mit dem Skorpion allerdings schwer vorstellen können. Auf Dauer würde der Skorpion die Zwillinge einengen.

Der Skorpion ist ein eher kritisches, abwartendes Sternzeichen, er ist in einer Gesellschaft nicht der Wortführer, lässt die anderen reden und tun, ehe er in Aktion tritt. Wenn dem Skorpion eine Gesellschaft nicht passt, steht er auf und geht. Ohne große Worte.

Die Zwillinge sind anregend und kommunikativ, deshalb können sie für den Skorpion belebend sein und ihn aus seiner geheimnisvollen Verschlossenheit holen. So werfen sie dem Skorpion ohne Druck ein nettes Wort hin und locken ihn aus der Reserve. Wenn Skorpione aus sich herausgehen, sind sie tiefgründige, absolut interessante Diskussionspartner, die sich allerdings schwer hinter die Fassade schauen lassen. Sie haben aber einen guten Zugang zur Seele der anderen und die Gabe, analytisch einen Gesamtzusammenhang zu erkennen. Weil Skorpione selbst aber eher verschlossen sind und viele eigene Gefühle verdrängen, haben sie häufig mit Magen-Darmproblemen zu kämpfen. Sie schaffen vor allem eines nicht: Sie können nicht locker auf jemanden zugehen und verzeihen. Sie beharren auf ihrem Standpunkt und sind oft nachtragend. Vom Charme und der Leichtigkeit der Zwillinge könnten sie nur lernen.

Der Skorpion ist ein Genießer. Stark duftende Speisen sprechen seine Sinnlichkeit an und fördern sie noch! Er liebt japanische, indische Spezialitäten, schon wegen der Würze. Gerichte mit Curry, Chili und Paprika sind für Skorpione die Favoriten. Das Hauptgericht muss opulent sein.

Danach will er unbedingt etwas Süßes als Nachspeise. Er nimmt gern ein Glas Wein zu sich, dazu auch ein zweites und drittes, denn er ist ein Nachtmensch, der abends gern in Bars und in angesagte Lokale geht.

Ausführliche Rezepte für den Skorpion finden Sie im Genussbuch SKORPION.

Skorpione sind faszinierende Sternzeichen, besonders Frauen verfügen über eine große erotische Ausstrahlung. Ihre Erotik und das Geheimnisvolle ihrer Aura wirken auf viele Männer anziehend.

Skorpion-Männer zeigen sich gern mit exotischen Begleiterinnen, weil sie glauben, dass dies ihrer erotischen Natur besser entspricht. Sie bevorzugen stark gewürzte Speisen, schon deshalb weil die außergewöhnlichen Würzungen und Aromatika stark erotisierend wirken.

Skorpione sind zähe Menschen, sie scheinen über ein Reservoir an übernatürlichen Kräften zu verfügen, um sich immer wieder aus Krisensituationen, an denen sie selbst nicht ganz unschuldig sind, herauszuwinden. Sie suchen Herausforderungen und gehen immer noch einen Schritt weiter.

Mit einem Skorpion darf man sich nicht anlegen. Er sucht das Schlachtfeld, ist ein Kämpfer. Das liegt an den zerstörerischen, plutonischen Energien. Daraus resultiert die oft überragende Kraft, in Krisensituationen nicht die Nerven zu verlieren. Fordert der Skorpion zum Kampf heraus, dann sollten die Zwillinge nicht ängstlich vor ihm zurückweichen, sondern sich ihm frühzeitig stellen.

Skorpion-Frauen sind fast noch anstrengender als Skorpion-Männer, was auch am überkommenen Rollenklischee liegen dürfte. Übernehmen Frauen die Position der Macht, wird das nicht jedem gefallen. Ihre Aggressivität ist häufig verletzend, dies wird den Frauen übler ausgelegt als den Männern. Beide haben aber große Partnerschaftsprobleme. Sie sind schnell mit Kritik zur Hand, sind nachtragend, eifersüchtig und wollen in jedem Fall Recht behalten.

Zwillinge & Fische

Achtung, Achtung! Die beiden unter einen Hut zu bekommen ist schwierig. Die sensiblen Fische, die Ruhe und Harmonie suchen, werden von den Zwillingen durch die Luft gewirbelt. Die Zwillinge suchen die Realität und lieben sie. Die gefühlsbetonten Fische werden lange Zeit ein Problem damit haben, sich gegen die Zwillinge durchzusetzen. Erstere richten sich lange nach den Bedürfnissen der Zwillinge und vernachlässigen dabei oft die eigenen, denn Ellbogentechnik beherrschen sie nicht. Die Fische sind sensible, soziale Menschen. Sie sind meist glücklich, wenn der andere glücklich ist. Dazu wollen sie einiges beitragen und deshalb versuchen sie lange Zeit, die Fehler und Egoismen der Zwillinge zu dulden oder zu übersehen. Das kommt dem Egoismus der Zwillinge sehr entgegen.

Die Fische schauen lang zu, bis sie sich eines Tages ohne Vorankündigung zur Wehr setzen. Dann spielen sie einfach nicht mehr mit. Ohne Erklärungen schwimmen sie weg und tauchen ab ins tiefe Wasser. Die Zwillinge werden nicht damit gerechnet haben, dass sie die stummen, stets duldsamen Fische auch einmal verlassen könnten. Die Zwillinge haben nicht die Geduld und die Einsicht, auf die Bedürfnisse der Fische einzugehen, sondern finden es bestenfalls sehr angenehm und nützlich, dass diese da sind und alles für sie erledigen, was etwa das Familienleben betrifft.

In einer Gesellschaft sind sie zueinander nett, äußerst charmant und liebenswürdig, sie strahlen Glück und Harmonie aus. Sie gehen gern auf Partys, eigenen sich perfekt als Ausgehpartner.

Das ändert nichts an ihrer astrologischen Unverträglichkeit: Die Zwillinge können den Fischen auch keine erotische Geborgenheit bieten, was den Fischen, die Wärme und Zärtlichkeit suchen, auf Dauer abgehen wird.

Fische werden gern mit Hausmannskost verwöhnt: Rindsbraten, faschierte Laibchen, gefülltes Huhn, aber auch Geflügel- und Wildgerichte. Alles, was in unseren Wäldern lebt und auf den Tisch kommt, mundet: Wildhasen mit Semmelknödel, Fasan im Speckhemd sowie alles aus der heimischen böhmisch-österreichischen Küche. Auch ein saftiger Karpfen darf es sein.

Sie erfreuen sich vielfach auch an der vegetarischen Küche, weil sie oftmals mit ihrem Magen aufpassen müssen, worin sie mit den Zwillingen harmonieren.

Fische lieben Süßspeisen wie Mohnnudeln, Germknödel, Kaiserschmarren, Palatschinken, Kuchen, Kekse. Ausführliche Rezepte für die Fische finden Sie im Genussband FISCHE.

DEN ZWILLINGEN IN DEN KOCHTOPF GESCHAUT

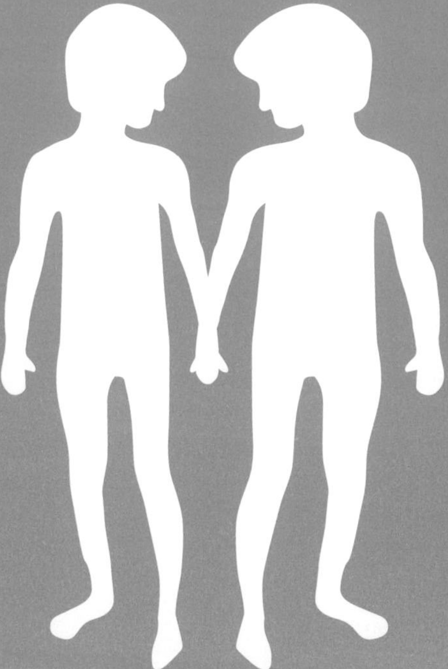

CAESAR'S SALAD

Zutaten für 4 Portionen

1 Römersalat (Kochsalat, Chinakohl)
75–100 g Speckscheiben | 2 Toastbrotscheiben
2–3 Sardellenfilets | 2 Knoblauchzehen | 1 Zitrone
1 Eidotter | 80 ml gutes Olivenöl
1 TL Worcestershiresauce | 50 g Parmesan
Salz | Pfeffer

Zubereitung

Zitrone auspressen, Sardellenfilets fein schneiden, Knoblauch fein hacken. Das Eidotter in eine Schüssel schlagen und mit Zitronensaft, Worcestershiresauce, Salz sowie Pfeffer gut verrühren. Öl langsam unter ständigem Rühren einschlagen und alles zu einer sämigen Marinade schlagen. Sardellenfilets einrühren.

Nun Speckscheiben knusprig braten, herausheben und abtropfen lassen. Knoblauch im verbliebenen Fett anschwitzen. Brot kleinwürfelig schneiden, zugeben und ebenfalls knusprig braten. Gewaschenen Salat in Streifen schneiden, mit der Marinade marinieren und den knusprigen Speck unterrühren. Anrichten und mit den Brotcroûtons bestreuen. Frischen Parmesan in feine Scheiben schneiden oder hobeln und den Salat damit garnieren. Mit knusprigem Baguette auftragen.

ROHKOST-STICKS MIT KRÄUTER-DIP

Zutaten für 4 Portionen

500 g Karotten, Gelbe Rüben, Kohlrabi etc.
1 Apfel | Zitronensaft

Für den Kräuter-Dip

250 g Topfen | 1 Bund frische Kräuter nach Belieben
2 EL Crème fraîche oder Sauerrahm | 2 Knoblauchzehen
Zitronensaft | Salz | Pfeffer

Zubereitung

Für den Kräuter-Dip die Kräuter waschen, trocken schleudern und fein wiegen. Die Knoblauchzehen fein hacken. Den Topfen mit Crème fraîche oder Sauerrahm und Knoblauch glatt rühren. Die gehackten Kräuter einrühren, dabei etwas als Garnitur zurückbehalten. Nun den Dip mit einem Schuss Zitronensaft, Salz sowie Pfeffer abschmecken und kühl stellen.
Karotten, Gelbe Rüben und Kohlrabi schälen und in längliche Streifen schneiden. Den Apfel gut waschen, nur bei Bedarf schälen, vierteln, das Kerngehäuse entfernen und ebenfalls in Streifen schneiden. Gemüse- und Apfelstreifen mit Zitronensaft beträufeln und in einem Glas dekorativ anrichten. Kräutertopfen aus dem Kühlschrank nehmen, nochmals durchrühren und anrichten. Mit gehackten Kräutern bestreuen und zu den Gemüsesticks auftragen. Dazu frisches Vollkornbrot servieren.

GARNELEN AUF LAUWARMEM SPARGEL

Zutaten für 4 Portionen

600–750 g grüner Spargel | 400 g Garnelen
Parmesan zum Hobeln | Balsamicoessig
Schuss Gemüse- oder Rindsuppe | Salz | Pfeffer
Zitronensaft | Butter und Olivenöl | kalte Butterflocken

Zubereitung

Spargel am unteren Ende zu einem Drittel abschneiden, holzige Stellen schälen. Die Spargelstangen ein- oder zweimal durchschneiden. In einer Pfanne nicht zu wenig Butter und etwas Olivenöl aufschäumen lassen. Spargelstücke einlegen, kurz anbraten und einen kräftigen Schuss Balsamicoessig zugießen. Spargel salzen, pfeffern und bei mittlerer Hitze bissfest braten. Den knackig gebratenen Spargel herausheben. Etwas Suppe zugießen und kurz einkochen lassen. Einige kalte Butterflocken einrühren und die Sauce damit binden.
Währenddessen die Garnelen mit Zitronensaft beträufeln und kurz ziehen lassen. In einer anderen Pfanne etwas Olivenöl erhitzen und die Garnelen rundum wenige Minuten braten. Mit Salz und Pfeffer würzen. Spargel auf vorgewärmten Tellern anrichten, die Garnelen darauf setzen und mit der Balsamicosauce beträufeln. Frischen Parmesan darüber hobeln und auftragen.

HÜHNERSUPPE „MULLIGATAWNY“

Zutaten für 4–6 Portionen

600 g Hühnerteile oder 1 kl. Huhn | 1 Bund Suppengrün
1 Zwiebel | einige Gewürznelken
1 Zweig frisches Currykraut oder einige Curryblätter
4 Kardamomkapseln | 1 Lauchstange | 2–3 EL Reis
1 EL Mehl | Ghee oder Butterschmalz | Muskatnuss
Chilipulver | Cayennepfeffer | Currypulver | Salz | Pfeffer
3–4 EL Schlagobers oder Kokosmilch | Koriandergrün

Zubereitung

Huhn in reichlich (ca. 1,5–2 l) Wasser aufstellen und mit Suppengrün, der halbierten Zwiebel, Gewürznelken, Currykraut, Kardamom, Salz und Pfeffer 60–90 Minuten kochen, bis das Fleisch weich ist. Huhn herausnehmen, Fleisch von den Knochen lösen und in mundgerechte Bissen schneiden. Die Suppe abseihen.

Nun den Lauch sehr fein schneiden und in Ghee oder Butterschmalz anschwitzen. Mehl zugeben, kurz anrösten, mit etwas Suppe aufgießen und aufkochen lassen. Reis einrühren und die restliche Suppe zugießen. So lange köcheln lassen, bis der Reis weich gekocht ist. Fleisch in die Suppe einmengen, Schlagobers untermengen und die Suppe mollig einkochen. Mit Salz, Pfeffer, Muskatnuss, Chili, Cayennepfeffer und Curry pikant abschmecken. In heißen Tellern anrichten und mit Koriandergrün bestreuen.

DIE INDONESISCHE REISTAFEL

Die indonesische Reistafel ist keineswegs ein ursprünglich indonesisches Gericht, sondern stammt aus der holländischen Kolonialzeit, als die Kolonialherren versuchten, alle Köstlichkeiten des Landes auf einen Tisch zu zaubern. Nach dem Motto „je mehr, desto besser" wurden in einer Art Buffet große und kleine Schüsselchen, Tellerchen und Vorlegeplatten mit bis zu 40 Gerichten aufgetischt. Für den Genuss dieser Delikatessen nahm man sich auch dementsprechend viel Zeit, aber nach traditioneller Sitte kein Besteck. Gegessen wurde mit den Fingern! Zentrum jeder Rijsttafel ist die große Schüssel mit Reis. Reis, der nicht klumpen darf, nicht klebrig sein darf, nicht patzig sein darf. Er muss locker und duftig sein. Am besten eignet sich dafür Jasmin- oder Basmatireis, der vorzugsweise gedämpft wird. Für größere Mengen empfiehlt sich ein elektrischer Reiskocher, aber auch im konventionellen Kochtopf gelingt das Reiskochen problemlos. Im Gegensatz zum Risotto sollte dieser Reis während des Garens nicht mehr umgerührt werden und er wird nach den Originalrezepten meist ohne viele Gewürze und Salz zubereitet.
Im europäischen Raum hat sich die Reistafel mittlerweile etwas gewandelt und kommt mit weniger Speisen aus, die durchaus auch aus anderen Regionen stammen können. Auch der Reis wird oftmals fein gewürzt, wie in unserem Rezept. Für Ihre Reistafel zu Hause haben wir stellvertretend für die vielen Gemüse-, Fisch- und Fleischgerichte einige ausgewählt. Darüber hinaus sollten auf keiner Reistafel Dipsaucen, Würzpasten, Sambals – und die köstlichen Knabbereien fehlen.

Knabbereien für die Reistafel

- Erdnüsse, aber auch gekochte, gut trocken getupfte Kichererbsen oder Bohnen in heißem Öl frittieren, abtropfen lassen und salzen.
- Kokosflocken mit wenig Zucker und etwas Salz vermengen und in einer heißen Pfanne gute 5 Minuten golden rösten. Dabei ständig rühren, damit die Flocken nicht anbrennen.
- Kroepoek (im Asia-Shop erhältlicher Garnelencracker) in reichlich heißem Fett herausbacken. Aber Achtung: Die Cracker werden während des Herausbackens um ein Vielfaches größer und sollten daher in mehreren Tranchen zubereitet werden. Fertige Kroepoeks herausheben und gut auf Küchenkrepp abtropfen lassen.
- gekochte Eier schälen und in Spalten schneiden
- süßsauer eingelegter Ingwer
- sauer eingelegtes Gemüse und Mixed Pickles wie eingelegte Zwiebelchen, Gurkerl, Maiskölbchen etc.
- Rohkostgemüse und frische Früchte, wie etwa Melonen, zum Knabbern für zwischendurch

DUFTREIS
(für die Reistafel)

Zutaten für 4–5 Portionen

400 g Jasmin- oder Basmatireis | 600 ml Wasser
4–5 Gewürznelken | 1 kleine Zimtstange
Sternanis nach Belieben | 2 EL Pinienkerne
2 Frühlingszwiebeln | einige Safranfäden

Zubereitung

Den Reis in ein Sieb geben und unter fließendem Wasser so lange spülen, bis nur mehr klares Wasser abfließt. In einen Topf geben, Wasser zugießen und einmal aufkochen lassen. Gewürznelken, Zimtstange, Sternanis und Safran einmengen, Deckel aufsetzen und bei minimaler Hitze 15–20 Minuten garen. Währenddessen die Frühlingszwiebeln in feine Streifen schneiden. Den Reis vom Herd nehmen und die Pinienkerne locker unterrühren. Nochmals zudecken und kurz ohne Hitze ziehen lassen. Die Frühlingszwiebeln darüber streuen und in die Mitte der indonesischen Reistafel stellen.

Wenn Sie dem Originalrezept streng folgen wollen, dann sollten Sie die Gewürze, Pinienkerne und Frühlingszwiebeln weg lassen. Unsere verfeinerte Variante könnte allerdings auch bereits die Basis für ein selbständiges Hauptgericht sein, für das Sie dem fertigen Reis lediglich extra gebratenes Gemüse oder Fleisch (Lamm oder Huhn) untermengen und ihn salzen müssen.

ERDÄPFEL-MELANZANI-CURRY
(für die Reistafel)

Zutaten für 4 Portionen

600 g Erdäpfel | 1 große Melanzani | 1 Schalotte
1 Bund Frühlingszwiebeln | 200 g Okraschoten
1 kl. Stück Ingwer | 2 Knoblauchzehen
1 TL Zitronengraspulver | 1 EL Garam masala
1 EL Currypulver | 300 ml Kokosmilch | 200 ml Wasser
Saft von 1 Limette | Salz | Cayennepfeffer
4–5 EL Butterschmalz oder Erdnussöl
Koriandergrün oder Petersilie

Zubereitung

Die Okraschoten in siedendem Wasser überbrühen, abtropfen lassen. Erdäpfel und Melanzani kleinwürfelig schneiden, die Frühlingszwiebeln halbieren. Ingwer und Knoblauch schälen, fein schneiden. Schalotte hacken und mit Knoblauch, Ingwer, Zitronengraspulver, Garam masala, Currypulver und Salz im Mörser zu einer Paste vermengen. Butterschmalz erhitzen, die Paste einrühren und anschwitzen. Limettensaft einrühren, mit Kokosmilch und Wasser aufgießen und aufkochen lassen. Nun Erdäpfel, Melanzani sowie Frühlingszwiebeln zugeben und ca. 10 Minuten kochen lassen. Dann Okraschoten einmengen und noch weitere 5–10 Minuten köcheln lassen, bis das Gemüse gar ist. Bei Bedarf noch etwas Wasser zugießen. Mit Salz sowie Cayennepfeffer abschmecken und mit frisch gehacktem Koriander bestreuen.

JAKOBSMUSCHELN AUS DEM WOK

(für die Reistafel)

Zutaten für 4 Portionen

20–24 Jakobsmuscheln | 250 g Erbsenschoten
1 Bund Frühlingszwiebeln | 1 Lauchstange
4–6 Knoblauchzehen | 1 kl. Stück Ingwer
1 kl. Chilischote | 1 Bund Koriander | 3–4 EL Sojasauce
Schuss Gemüse- oder Hühnersuppe
1 EL Fisch- oder Austernsauce | 1 EL Sesamöl
Chilisauce | Salz | 5 EL Pflanzenöl

Zubereitung

Frühlingszwiebeln und Lauch putzen und in 5–7 cm lange Streifen schneiden. Ingwer schälen und ebenso wie den Knoblauch fein hacken. Chilischote entkernen und fein hacken, Koriander verlesen und zwischen den Fingern zupfen.

Nun einen Wok (oder beschichtete Pfanne) sehr heiß werden lassen, Öl eingießen und Chili mit Knoblauch und Lauch anbraten. Ingwer, Frühlingszwiebeln sowie Erbsenschoten zugeben, kurz braten, Jakobsmuscheln einmengen und ebenfalls nur ganz kurz, etwa 1–2 Minuten, braten. Mit einem kräftigen Schuss Suppe sowie Soja- und Fischsauce aufgießen, mit Salz, Sesamöl und Chilisauce nach gewünschter Schärfe abschmecken und alles noch kurz aufkochen lassen. Den gezupften Koriander einmengen und auftragen. Mit Reis oder chinesischen Nudeln servieren.

MEERESFRÜCHTE-GEMÜSE-TEMPURA (für die Reistafel)

Zutaten für 4 Portionen

600 g Gemüse nach Belieben
600 g Meeresfrüchte und festfleischiges Fischfilet
Pflanzenöl | Mehl zum Wenden

Für den Teig

200 g Mehl | 150 g Maismehl | 3 Eidotter
ca. 300 ml eiskaltes Wasser | Salz | Zucker

Für die Sauce

2 Frühlingszwiebeln | 1 TL gehackter Ingwer | 100 ml Sojasauce
Schuss Fischsauce | 100 ml Sherry | 1 EL Ahornsirup

Zubereitung

Für die Sauce Frühlingszwiebeln hacken. Soja- und Fischsauce mit 100 ml Wasser, Sherry und Ahornsirup aufkochen lassen. Frühlingszwiebeln und Ingwer einrühren, vom Herd nehmen. Warm halten. Nun Gemüse putzen, in Scheiben schneiden und alle Zutaten in Mehl wenden. Das eiskalte Wasser mit Dottern verschlagen. Mehl, Maismehl, Salz sowie eine Prise Zucker zugeben und zu einem lockeren, noch etwas klumpigen Backteig verrühren. Pflanzenöl erhitzen, alle Zutaten durch den Backteig ziehen und in mehreren Tranchen nacheinander goldgelb frittieren. Herausheben, abtropfen lassen und auf einem großen Teller anrichten. Sauce in kleine Schüsselchen füllen und dazu auftragen.

SATÉSPIESSCHEN
(für die Reistafel)

Zutaten für 4 Portionen
600 g Fleisch zum Kurzbraten | 400 ml Kokosmilch
5 EL Erdnussbutter | Sojasauce zum Abschmecken

Für die Marinade
100 ml Kokosmilch | ½ Bund Frühlingszwiebeln
2 Knoblauchzehen | 1–2 rote Chilischoten
1 kl. Stück frischer Ingwer | 4 EL Sojasauce
1 EL Pflanzenöl | 1 EL Sesamöl | 1 EL Limettensaft
Chilisauce | Salz | Zucker

Zubereitung
Für die Marinade die Chilischoten entkernen und mit den Frühlingszwiebeln und dem Knoblauch hacken. Ingwer schälen und fein schneiden. Alle Zutaten miteinander vermengen und zu einer pikant-süßlichen Marinade abschmecken. Fleisch in schmale Streifen schneiden, mit der Marinade bestreichen und 1 Stunde ziehen lassen. Dann wellenförmig auf kleine Holzspießchen stecken, auf dem Holzkohlengrill oder im Backrohr grillen.
Für die Sauce Kokosmilch erhitzen, Erdnussbutter sowie die Rückstände der Marinade einrühren und mit einem Schuss Sojasauce abschmecken. Die Satéspießchen anrichten, mit wenig Sauce beträufeln und die Sauce in einem Kännchen extra auftragen. Mit gekochtem Reis servieren.

REISPFANNE MIT PAPRIKA UND LAMM

Zutaten für 4 Portionen

500 g Lammfilet oder Faschiertes vom Lamm
300–400 g Reis | je 1 rote und grüne Paprikaschote
2 große Tomaten | 1 Zwiebel | 1 Pfefferonischote
1 EL Tomatenmark | 1 Bund Petersilie | Chilipulver
Salz | Pfeffer | Olivenöl

Zubereitung

Den Reis je nach Sorte 12–20 Minuten kochen, abgießen, mit der Gabel auflockern und ausdampfen lassen. Lammfilet in sehr feine Streifen schneiden. Paprika- und Pfefferonischoten entkernen und in feine Streifen bzw. Ringe schneiden. Tomaten nach Belieben enthäuten und kleinwürfelig, die Zwiebel feinwürfelig schneiden. Petersilie grob hacken.

In einer Pfanne etwas Öl erhitzen, Lammfleisch oder Faschiertes zugeben, salzen, pfeffern und kurz braten. Herausheben und warm halten. Etwas frisches Öl zugießen und Zwiebeln kurz anschwitzen. Paprika sowie Pfefferoni zugeben, kurz darauf Tomatenmark einrühren und Tomatenwürfel hinzufügen. Mit Salz, Pfeffer sowie Chili pikant würzen und so lange köcheln, bis die Flüssigkeit nahezu verdunstet ist. Reis und Fleisch einrühren. Nochmals abschmecken und kräftig durchrösten. Auf vorgewärmten Tellern anrichten und vor dem Servieren mit grob gehackter Petersilie bestreuen.

ANGLERMEDAILLONS MIT ORANGEN-COGNAC-SAUCE

Zutaten für 4 Portionen

750 g Anglerfilets | 2 Orangen
1 TL eingelegte grüne Pfefferkörner
ca. 150 ml Orangensaft | 50 ml Cognac
klare Gemüsesuppe zum Aufgießen | Zitronensaft
Salz | Pfeffer | Mehl zum Wälzen | Olivenöl
kalte Butterflöckchen

Zubereitung

Anglerfilets in kleinere Medaillons schneiden und mit Zitronensaft beträufeln. Salzen, pfeffern und einige Minuten ziehen lassen. Backrohr auf 180 °C vorheizen. Orangen schälen, die weiße Haut abziehen und in Scheiben schneiden. Die Fischfilets in Mehl wälzen und in heißem Olivenöl etwa 1–2 Minuten auf jeder Seite anbraten. Nun eine passende Form mit etwas Olivenöl ausstreichen, die Orangenscheiben einlegen, die Anglermedaillons darauf platzieren. Fischfilets mit Cognac beträufeln, Pfefferkörner darüber streuen und Orangensaft sowie wenig Suppe in die Form gießen. Ins heiße Backrohr schieben und auf den gewünschten Garpunkt hin braten (je nach Größe 5–10 Minuten). Herausheben und anrichten, die Orangenscheiben nach Belieben mitservieren. Verbliebene Bratenflüssigkeit kurz aufkochen lassen, eiskalte Butter einrühren und über den Fisch träufeln. Mit Safranrisotto auftragen.

SPAGHETTI AGLIO E OLIO

Zutaten für 4 Portionen

400 g Spaghetti | 1 Peperoncino (Chilischote)
6 Knoblauchzehen | 2–3 Zweige frisches Basilikum
6–8 EL sehr gutes kaltgepresstes Olivenöl
Salz | Pfeffer

Zubereitung

Den Knoblauch mit einem scharfen Messer sehr fein schneiden oder hacken, aber nicht pressen. Peperoncino halbieren, Kerne entfernen und die Schote ebenfalls sehr fein schneiden.

In einem großen Topf reichlich Salzwasser zum Kochen bringen und die Spaghetti je nach Sorte und Anleitung etwa 8–12 Minuten al dente kochen.

Währenddessen die Basilikumblätter waschen, trockentupfen und grob schneiden. In einer großen Pfanne Olivenöl erhitzen, Knoblauch und Peperoncino zugeben und kurz anschwitzen. Die mittlerweile fertig gekochten Nudeln abgießen, abtropfen lassen und einrühren. Mit Salz und frisch gemahlenem Pfeffer abschmecken. Vor dem Servieren die Basilikumblätter locker untermengen. In Italien serviert man dazu keinen Parmesan, wenn Sie jedoch Pasta mit geriebenem Käse lieben, so sollten Sie das auch bei diesem Rezept ohne weiteres tun.

HENDLPICKNICK MIT GURKENSALAT

Zutaten für 4–6 Portionen

4 Hendlkeulen | 12 Hendlflügerl | 70–100 ml Pflanzenöl
Muskatnuss | Paprikapulver | 1 kl. Chilischote
Salz | Pfeffer

Für den Salat

2 Gurken | 2 Knoblauchzehen | 150 ml Sauerrahm
150 ml Joghurt | Salz | Pfeffer

Zubereitung

Öl mit Salz, Pfeffer, Muskatnuss und Paprikapulver verrühren. Chilischote halbieren, entkernen, fein schneiden und einrühren. Hühnerteile damit bestreichen und kurz ziehen lassen. Backrohr auf 180 °C vorheizen. Hühnerkeulen in eine Bratenform legen und unter einmaligem Wenden etwa insgesamt 40–50 Minuten knusprig braten. Dabei wiederholt mit Öl bestreichen und nach etwa 15 Minuten Bratzeit die Flügerl zugeben. Hendl herausnehmen und entweder sofort heiß mit Salat anrichten oder auskühlen lassen und kalt als Picknick genießen.

Für den Salat die Gurken schälen, in Scheiben hobeln und gut einsalzen. Nach 10–15 Minuten ausdrücken. Knoblauch fein schneiden. Sauerrahm mit Joghurt, Knoblauch, ein wenig Salz und Pfeffer glatt rühren. Die Gurken mit der Marinade vermengen und bis zur Verwendung kühl stellen. Vor dem Servieren mit etwas Paprikapulver bestreuen.

ROTWEINBIRNEN-KÄSEDESSERT

Zutaten für 4 Portionen

200–250 g kräftiger Rotschmierkäse, Gorgonzola etc.
4 Birnen | 1 Flasche voller Rotwein
1 Stamperl süßer Beerenlikör | 1 Zimtstange
einige Gewürznelken | 2 Sternanis
1 nussgroßes Stück frischer Ingwer | Zitronensaft
Zucker nach Belieben
Schwarze Nüsse oder Walnusshälften zum Garnieren

Zubereitung

Den Käse aus dem Kühlschrank nehmen und langsam Zimmertemperatur annehmen lassen. Währenddessen die Birnen schälen, der Länge nach halbieren und das Kerngehäuse herauslösen. Rundum mit Zitronensaft beträufeln. In einem Topf Rotwein mit Likör, Zimt, Gewürznelken und Sternanis aufsetzen. Ingwer schälen, in Scheiben schneiden und gemeinsam mit den Birnen zugeben. Bei Bedarf noch etwas Wasser zugießen, damit alle Birnen gleichmäßig bedeckt sind. Mit einer Prise Zucker nach Geschmack süßen und die Birnen auf kleinster Hitze vor sich hin köcheln lassen, bis sie weich sind (je nach Sorte 15–25 Minuten). Birnen dabei einige Male wenden. Die fertig gegarten Birnen herausheben, kurz überkühlen lassen und noch lauwarm in Scheiben schneiden. Auf Tellern fächerartig anrichten, den Käse portionieren und in die Mitte setzen. Mit Schwarzen Nüssen oder Walnusshälften dekorieren.

OBSTSALAT MIT VANILLEEISCREME

Zutaten für 3–4 Portionen

2 Bananen | 1–2 Äpfel | 10–12 Zwetschken
200 g Erd- oder Himbeeren | 50 ml Orangensaft
Staubzucker nach Belieben
Schuss Maraschino oder Himbeerschnaps
Zitronensaft | Pistazien- oder Mandelsplitter als Garnitur

Für die Creme

200 g Vanilleeis | 100 ml Schlagobers oder Crème fraîche

Zubereitung

Bananen schälen und in Scheiben schneiden. Zwetschken vierteln und dabei Kern entfernen. Bei den Äpfeln ebenfalls das Kerngehäuse ausschneiden, Äpfel in mundgerechte Bissen schneiden. Die Beeren waschen, abtropfen lassen und je nach Sorte und Geschmack in kleinere Stücke schneiden oder ganz lassen.

Nun das Obst in eine Schüssel geben, mit Orangensaft beträufeln, je einen Schuss Zitronensaft sowie Schnaps einrühren und nach Belieben mit Staubzucker süßen. Kurz ziehen lassen. Inzwischen das Eis aus dem Tiefkühlfach nehmen und kurz antauen lassen. Dann das Eis in Stücke schneiden und mit dem Schlagobers cremig rühren. Obstsalat in vier Schüsseln oder auf Tellern anrichten. Jeweils mit etwas Creme überziehen und mit Pistazien oder Mandeln garnieren.

BEEREN-BISKUITROULADE

Zutaten für 1 Roulade

100 g Mehl | 4 Eiklar | 4 Eidotter | 2–3 EL Butter
4 EL Kristallzucker | 1 Pkg. Vanillezucker
Zucker zum Stürzen

Für die Beerencreme

500 g Erdbeeren | 500 ml Schlagobers
1 Glas Himbeerschnaps | 3 Blatt Gelatine
1–2 EL Staubzucker | 1 Pkg. Vanillezucker

Zubereitung

Backrohr auf 180 °C vorheizen. Eidotter mit 3 EL Zucker und Vanillezucker verrühren. Eiklar mit 1 EL Zucker zu steifem Schnee schlagen. Butter schmelzen. Mehl, Dotter und Butter abwechselnd unter den Schnee mengen, auf ein mit Backpapier ausgelegtes Backblech streichen und 8–10 Minuten backen. Auf eine mit Zucker bestreute Alufolie stürzen, Backpapier abziehen und locker einrollen. Für die Creme Gelatine in kaltem Wasser einweichen. Schlagobers schlagen und etwas für die Garnitur aufheben. Likör erwärmen, ausgedrückte Gelatine darin auflösen, unter das Obers mengen. Etwa ein Viertel der Beeren als Dekor beiseite geben. Die restlichen Beeren zerkleinern, in das Obers einrühren, mit Vanille- und Staubzucker süßen. Die Roulade wieder aufrollen, mit Beerenobers füllen und wieder einrollen. Obenauf mit Schlagobers bestreichen, mit Erdbeeren garnieren und kühl stellen.

HEISSE ORANGEN MIT KALTER KOKOSMILCH

Zutaten für 3–4 Portionen

4–5 Orangen | 150–200 ml Süßwein
1 nussgroßes Stück Ingwer | 6 Gewürznelken
3–4 EL gehackte Walnüsse | Zimtpulver
1 Pkg. Vanillezucker | Rohrzucker nach Belieben
Gehackte Pistazien und Minzeblätter

Für die Kokosmilch

250–300 ml Kokosmilch | 1 Zimtstange
1 Pkg. Vanillezucker | 1–2 EL Ahornsirup oder Honig

Zubereitung

Kokosmilch mit Zimtstange und Vanillezucker unter ständigem Rühren aufkochen lassen. Ahornsirup oder Honig einrühren, nochmals durchrühren und kalt stellen. Nun die Orangen schälen, Haut abziehen und der Quere nach in Scheiben schneiden. Ingwer schälen, sehr fein hacken und mit Gewürznelken, Vanillezucker und einer kräftigen Prise Zimt unter den Süßwein rühren. Die Orangenscheiben in eine passende Auflaufform dachziegelartig einordnen. Mit dem Süßwein beträufeln, mit Rohrzucker sowie Nüssen bestreuen und 10–15 Minuten überbacken. Die gekühlte Kokosmilch abseihen. Die überbackenen Orangenscheiben anrichten und mit etwas kalter Kokosmilch umgießen. Mit gehackten Pistazien und Minzeblättern garnieren.

SCHNEENOCKERLN AUF BEERENSAUCE

Zutaten für 4 Portionen

6 Eiklar | 150 g Staubzucker | 1 l Milch | 1 Vanilleschote
1 Pkg. Vanillezucker

Für die Beerensauce

600 g Beeren nach Wahl (Erd-, Him- oder Brombeeren)
Schuss Zitronensaft

Zubereitung

Zuerst für die Beerensauce die Beeren waschen und abtropfen lassen. Die Hälfte der Beeren mit einem Schuss Zitronensaft pürieren. Die restlichen Beeren locker unterrühren. Für die Nockerln das Eiklar in einer Schüssel zunächst schaumig schlagen. Staubzucker langsam nach und nach zugeben und zu wirklich steifem Schnee schlagen. Nun die Milch mit einem Schuss Wasser und der Vanilleschote langsam aufkochen lassen. Vanillezucker einrühren. Sobald die Milch kocht, Hitze reduzieren und die Milch knapp unter dem Siedepunkt köcheln lassen. Mithilfe eines Esslöffels aus der Masse Nockerln stechen und sofort in die köchelnde Milch einlegen. Nockerln zugedeckt etwa 3–4 Minuten ziehen lassen, wenden und nochmals ca. 3 Minuten ziehen lassen. Mittlerweile die Beerensauce auf Teller gießen. Nockerln herausheben und auf der Beerensauce anrichten.

Herbert Pfarrhofer / APA / picturedesk.com

Gerda Rogers, geboren in Mährisch Schönau, Tschechien, eröffnete nach Jahren im Showbusiness in der Nähe von Wien eine Praxis für astrologische Lebensberatung. Ihr Wissen präsentiert sie einem breiten Publikum im Radio (u.a. in den „Ö3-Sternstunden"), bei TV-Auftritten und in Print-Medien.

NEWS/Prader

Senta Ziegler, Dr. iur., wurde 2010 vom Branchenmagazin „Der Journalist" zum vierten Mal zur erfolgreichsten Gesellschaftsjournalistin des Jahres gekürt. Autorin der Bestseller „Österreichs First Ladies" und „Der Medien-Knigge" sowie der Biografie von Dagmar Koller „Jetzt fängt's erst richtig an".